AF305504

ÉLOGE

DE BELSUNCE,

Lu au Cercle Académique de Marseille,

Dans sa séance du 20 Mars 1821.

> Mais voilà que du ciel sur la terre envoyé,
> Apparaît tout-à-coup un ange de pitié;
> C'est Belsunce.
>
> Millevoie.

MESSIEURS,

Lorsque la patrie reconnaissante se dispose à marquer l'année séculaire de la cessation de la peste de 1720 par des actions de grâces, des cérémonies publiques et l'érection d'un monument en l'honneur de l'auguste prélat qui sut en adoucir les désastres, je ne puis penser que le Cercle Académique de Marseille, restant étranger à cet événement, refuse de joindre sa voix à celle des orateurs qui vont célébrer ce héros de l'humanité, et qu'il soit le seul à ne point faire entendre l'hymne de la reconnaissance! Non, Messieurs, vous connaissez trop bien les vœux de vos concitoyens, pour qu'au seul nom de Belsunce, le noble sentiment qui vous anime tous, l'amour de la patrie, ne se réveille aussitôt dans vos âmes avec la plus vive énergie. Je crois donc devancer vos désirs, en vous rappelant la vie d'un prélat dont les vertus ont rendu la mémoire si chère à tous les Français.

Glorieux d'avoir pu contribuer à la fondation d'une société dont votre zèle, vos talens et la protection d'un gouvernement éclairé assurent les destinées, et fier d'avoir été choisi par vous pour présider le premier une aussi intéressante réunion, c'était à moi peut-être qu'il appartenait plus particulièrement encore de prononcer dans cette enceinte un éloge que la philantropie souhaite, que l'humanité réclame, que le devoir commande. Si je suis moins digne que tout autre de remplir cette tâche difficile, les bontés que vous n'avez cessé de me témoigner, me répondent au moins d'une indulgence dont mes faibles talens ont un si grand besoin.

Je ne chercherai pas, Messieurs, lorsque j'entreprends ce travail, à surcharger mon style d'ornemens ambitieux : la vie de Belsunce est assez riche de souvenirs, pour que son panégyriste puisse n'être que son historien. Je ne suis pas d'ailleurs dans la lice ; ma main ne cherche point à enlever la palme de l'éloquence à un heureux rival ; je n'aspire qu'à rendre avec vérité l'enthousiasme dont les bienfaits de Belsunce m'ont rempli, et à payer mon tribut d'admiration envers lui, et ma dette de reconnaissance envers vous. Les ornemens qui se présenteront sous ma plume doivent donc être comme ces fleurs solitaires qui embellissent les bords d'un ruisseau, et que l'onde elle-même a fait naître.

Pardonne, ô Belsunce ! si mes pinceaux ne retracent pas à grands traits les sublimes actions de ta vie ; mais, en me communiquant une partie de cette sensibilité qui inspira ton héroïsme, fais du moins que je ne sois pas trop indigne de prononcer ton auguste nom , et que ma patrie ne dise pas qu'il te fut plus facile de te dévouer pour elle , qu'il ne l'est à ses nouveaux enfans de célébrer ton dévouement et tes bienfaits.

Belsunce naquit dans le Périgord , le 4 décembre 1671 (1). La chaire alors s'était déjà ouverte aux élans sublimes de l'éloquence chrétienne : alors Bourdaloue et Bossuet, Fénélon et Pascal, Arnaud et Fléchier donnaient tour-à-tour à l'Europe les plus touchantes leçons de morale et les plus beaux exemples de vertu ; alors tout ce qu'il y avait de plus illustre s'honorait d'appartenir à un clergé qui avait fourni des ministres aux peuples et des instituteurs aux Rois.

Ce fut sans doute cet éclat dont brillait notre église,

---

(1) Henri - François - Xavier de Belsunce de Castelmoron , évêque de Marseille , abbé commandataire de l'abbaye royale de St.-Arnould de Metz et de Notre - Dame - des - Chambons, conseiller du Roi en tous ses conseils, membre et l'un des fondateurs de l'académie de Marseille , naquit au château de la Force. dans le Périgord , le 4 décembre 1671. d'Arnaud de Belsunce , marquis de Castelmoron , baron de Gévaudau , seigneur de Born et de la Vieille-Ville . sénéchal et gouverneur des sénéchaussées d'Agenois et de Condonnois , et d'Anne de Caumont Lauzun.

Après avoir fait ses études à Paris, au collége de Louis-le-Grand. il entra chez les jésuites, et y enseigna , pendant quelques années . la grammaire et les humanités. Il y fit, avec succès. son cours de théologie et de philosophie.

Il fut nommé , peu de temps après. par le Roi , abbé de la Réole, et par l'évêque d'Agen . grand vicaire de son diocèse.

Il obtint ensuite l'abbaye de Notre-Dame-des-Chambons , et le 19 janvier 1709 l'évêché de Marseille.

qui fit désirer au père de Belsunce d'associer son fils à ses travaux. C'est donc à lui que la religion doit la conquête de Belsunce ; et c'est aux talens de nos grands orateurs et aux vertus des prélats du 18.e siècle , que nous devons une résolution qui procura à l'humanité le bienfaiteur généreux que son dévouement a placé à côté de tout ce que les temps anciens et modernes ont produit de plus grand.

Après avoir fait ses études au collége de Louis-le-Grand à Paris, Belsunce entra chez les jésuites pour se former dans le sacerdoce et se pénétrer des devoirs qu'il impose. S'entourer de privations au milieu des pompes mondaines , vivre sur la terre , quand il faut sans cesse porter ses regards vers le ciel; chercher constamment dans le cœur des hommes ces passions honteuses qui s'enveloppent d'un voile d'hypocrisie , et les combattre avec les seules armes de la raison ; épouvanter le méchant , éclairer l'incrédule , soutenir le faible ; instruire et convaincre ; menacer et consoler ; et porter dans l'exercice de ces pénibles fonctions cette persévérance , cette douceur , ces lumières qui seules peuvent en assurer le succès ; tels étaient les devoirs auxquels Belsunce se disposait pour approcher un jour de ses divins modèles. Mais il ne lui fallait pas beaucoup d'efforts pour parvenir à ce but ; il portait dans son cœur le germe des vertus qui rendent tous ces devoirs faciles ; et , pour être digne de fixer les regards de la postérité , il n'avait besoin que d'être lui-même. Il obtint enfin l'abbayede Réele et fut nommé bientôt après grand-vicaire d'Agen , où les événemens qui agitaient l'Europe ne lui permirent pas de demeurer long-temps.

Louis XIV , ce Roi que la fortune avait pris plaisir à enivrer de tous les genres de gloire , et que le prestige de ses premiers succès avait si justement ébloui , com-

(5)

mençait alors à payer du plus affreux destin l'éclat de
ses jours de triomphe. Il ne pouvait plus prétendre,
comme autrefois, à imposer des lois à l'Europe, à s'établir l'arbitre des potentats, à ajouter à l'étendue de la
France par de nouvelles et rapides conquêtes : l'Europe,
si souvent menacée, menaçait à son tour ; elle avait
repoussé de la Flandre et de l'Italie ces troupes nombreuses que la victoire y avait conduites : le Danube et
le Rhin roulaient leurs flots sur une plage affranchie
et semblaient insulter à nos revers. L'Écosse, comme
ce coursier fougueux frémissant sous la main qui le
dompte, se voyait réduite à conspirer avec l'Angleterre
sa rivale à la perte de son ancienne protectrice. La
Hollande, fière de ses nouveaux succès, alimentait son
orgueil du souvenir de ses premiers revers. L'Espagne,
impuissante alliée, n'ayant plus pour elle que son
courage et sa fidélité, nous demandait vainement des
secours impossibles, et cherchait à se soustraire aux
liens qu'on lui présentait. La Savoie même avait osé
nous menacer, et la mer complice de ces funestes
projets, repoussant dans nos ports les débris de nos
malheureuses flottes, battait insolemment nos rivages
et nous présentait de toutes parts la honte et le désespoir. Non content de ces désastres qui consternaient
l'âme royale de Louis, le destin voulut l'affliger encore
par des malheurs nouveaux.

La Provence, dont le patriotisme avait triomphé des
tentatives d'une politique audacieuse, et qui avait vu
successivement expirer sur ses bords les projets de
Bourbon, la puissance de Charles-Quint, l'adresse de
Philippe II, et, tout récemment encore, les efforts réunis
d'Eugène et d'Amédée, avait non-seulement à gémir
sur le sort commun de la patrie, mais avait même à
déplorer la perte de ces fruits précieux que les nations

lui envient et qui sont sa principale ressource et sa
première richesse (1) ; elle déplorait la détresse de ses
habitans, la stérilité de ses campagnes, la solitude de
ses villes : Marseille surtout, privée de son commerce,
languissait dans un cruel abandon, et voyait tous les
vices prêts à l'envahir, et à étouffer le germe d'une
laborieuse industrie. Mais Louis XIV ne voulut point
laisser périr une ville aussi fidèle et aussi nécessaire à
la prospérité de ses états ; à la veille, par d'habiles né-
gociations, de lui rendre son indépendance et ses travaux,
et d'ouvrir à ses navires les plaines des deux mers,
il voulut maintenir dans ses habitans les principes
qui les avaient toujours dirigés, et placer l'industrie
sous l'égide de la morale et de la vertu ; et Belsunce,
appelé à l'épiscopat, fut chargé de cette importante
mission.

Il était alors douloureusement appuyé sur le tombeau
d'une tante dont la Guienne déplorait amèrement la
perte (2), et son cœur lui dictait cet ouvrage, qui en
rappelant les vertus de sa bienfaitrice, devenait un
monument de sa reconnaissance et de sa douleur. Cependant à la voix du monarque il ne balance pas, ses
affections cèdent à son devoir, et il se dispose à s'é-
loigner de ces lieux auxquels se rattachaient pour lui

---

(1) Le funeste hiver de 1709 fit périr tous les oliviers de la
Provence.

(2) Cette tante était Mad.lle de Foix de Candalle, princesse
de la Teste de Buch, dame de Montpont, décédée le 1.er juin
1706, à l'âge de 88 ans, qui avait donné, dans le cours de sa
longue carrière, et surtout pendant la famine et l'épidémie de
1692, 1693 et 1694, les exemples les plus touchans d'humanité
et de vertu.

tant et de si chers souvenirs. « Allez, vertueux pasteur, lui dit l'estimable évêque d'Agen, allez diriger ce troupeau qui vous est confié, allez vous placer à la tête de cette église d'où la foi s'est répandue dans les Gaules, et qui a offert au monde chrétien des saints et des martyrs : allez sur une plus vaste scène faire éclater ces vertus bien faites pour relever encore votre illustre origine : allez, votre Roi vous appelle et Marseille vous attend ; vous êtes digne d'associer votre nom aux destinées et à la prospérité d'un peuple. » Et Belsunce partit.

Je ne chercherai pas à peindre la tristesse qui régna dans Agen au moment de ce cruel départ. Le riche comme le pauvre, l'homme puissant comme le malheureux perdaient en ce digne ecclésiastique un protecteur et un père, un ami et un bienfaiteur. Tous avaient été ou éclairés par lui, ou consolés : tous avaient trouvé dans ses vertus un appui contre l'intolérance, une protection contre le pouvoir, un abri contre le vice, et tous également l'accompagnaient de leurs regrets. Mais l'expression de ces mêmes regrets, mais le récit de ses bienfaits l'avaient déjà précédé dans son nouveau diocèse, et témoin à Agen des larmes que l'affliction commune arrachait, il le fut aussi, à son arrivée à Marseille, de celles que le plaisir faisait répandre.

Oh ! qu'elle serait douce la tâche que je me suis imposée, s'il ne me fallait rappeler que les onze premières années de l'épiscopat de Belsunce, ou si, moins inhumaine, l'histoire ne me présentait ces pages sanglantes qui font frémir d'horreur. Je dirais : ici ce prélat vénérable versait sur les fidèles les consolations de la parole évangélique : là, sa voix ramenait l'espérance dans les cœurs découragés ou endurcis : ces lieux virent ses mains pieuses s'ouvrir chaque jour à l'aspect des malheureux ; ces familles reçurent de lui, sous le manteau de la religion , des secours abondans dont elles ignoraieut la source et qui les soustrayaient à l'ignominie et au deshonneur : ces temples consacrés par les premiers apôtres au culte du vrai Dieu , lui dûrent leur moderne splendeur , et le clergé de Marseille l'éclat et le rang honorable dont il jouit encore. C'est lui , enfin , qui ayant convoqué les synodes , donna à l'église ces règlemens sages conservés jusqu'à nos jours (1).

Mais , Messieurs , un récit effroyable vient se placer sous mes pinceaux. Ce n'est plus un simple zèle ; ce n'est plus une sagesse ordinaire ; ce ne sont plus des lumières ni des secours communs que l'humanité réclame de ce digne pasteur, c'est une abnégation absolue de lui-même; c'est un dévouement sans éclat, sans prestige , un dévouement plus terrible que la mort.

Qui pourrait exprimer ce qui se passa dans le cœur de Belsunce , lorsqu'un cri lugubre , sorti de ces lieux habités par le malheur , retentit dans la ville, et que cent mille bouches répétèrent à-la-fois : « Marseille renferme le fléau de la peste. » Ah ! si l'on n'eût déjà connu l'attachement de ce digne prélat pour son peuple, qui, alors, aurait pu douter de ses sentimens pour lui ! « Mes enfans , disait-il aux fidèles , venez au pied des autels déposer le repentir de vos fautes , et arrêter , par vos prières , le bras d'un Dieu irrité contre vous.» « Mes amis , criait-il à ses prêtres , nous sommes placés sur la terre pour secourir, pour consoler. La vie que le ciel nous a accordée n'est point à nous ; elle est au troupeau dont il nous a confié le soin. Chargés de dis-

---

(1) Ces règlemens ont été observés jusqu'au moment de la réunion du diocèse de Marseille à celui d'Aix.

penser les grâces de la religion, nous devons nous multiplier, s'il est possible, pour conserver l'ouvrage du
Créateur. Nous sommes comptables envers Dieu des
âmes que la parole évangélique n'aura pas purifiées.
Imitons ces dignes religieux qui, sous un ciel étranger
et au milieu d'une atmosphère mortelle, reçurent des
mains de Saint Denys la palme du martyre, et trouvèrent dans le sein de leur Dieu la récompense de
leur dévouement (1). »

A ces nobles exhortations, Belsunce joint encore les
plus touchans exemples ; il vole lui-même au-devant du
fléau pour en arrêter les progrès : inutiles soins ! espoir
superflu ! Marseille était destinée à en essuyer les ravages.
Semblable à cette vague écumante que le pilote n'est
plus à temps d'éviter, et qui, plus furieuse par sa résis-
tance, l'engloutit avec son vaisseau dont elle poursuit
encor les débris, l'horrible contagion qui s'avance,
irritée par les obstacles tardifs qu'on lui oppose, nourrit
son venin des moyens qu'on emploie pour l'étouffer, et,
chassant devant elle cette population épouvantée, s'établit triomphante sur des cadavres et des cercueils.

O toi qui conduisis les muses en deuil sur le vaste
tombeau de nos pères, toi que la gloire ne put préserver,
à la fleur de l'âge, des traits empoisonnés du trépas !
ô Millevoie ! que n'ai-je ton éloquente énergie, je pourrais, comme toi, ou comme notre peintre immortel,
donner à mes tableaux l'expression du génie, et voir
Marseille s'énorgueillir de mes travaux !

Mais que dis-je ! où va m'égarer un vain désir de

---

(1) Les religieux qui soignèrent les pestiférés à Alexandrie,
sous l'épiscopat de Saint Denys.

succès! Qu'ai-je besoin, pour émouvoir, d'un prestige emprunté! Ne suis-je pas dans la cité que désola le fléau destructeur! N'est-ce pas au peuple qui reçut en héritage de ses ancêtres le souvenir effrayant de nos calamités, que je vais adresser ce discours! Je n'ai qu'à rappeler l'époque funeste de cette épouvantable invasion, et je verrai la génération présente frémir autour de moi. Je n'ai qu'à nommer Belsunce, et j'entendrai de tous côtés des bénédictions et des sanglots. Marseillais, je n'ai pas à vous entraîner sous un ciel étranger, pour vous montrer les traces du fléau : vous êtes sur le sol auquel il était attaché ; vous pressez la terre qui engloutit ses victimes ; vous habitez les demeures qu'il avait envahies ; vous respirez l'air qu'il avait infecté. Ici étaient couchés, au milieu des cadavres, sur un pavé brûlant, ces hommes pâles et defigurés qui puisaient un reste d'existence dans l'onde que la charité leur versait. Là, des spectres, animés d'un dernier souffle de vie, se traînaient avec effort vers un toit hospitalier, et, épuisés par la douleur, s'arrêtaient mourans sur des morts. Plus loin, un bruit lugubre annonçait l'approche de ces charriots funèbres où les corps entassés se heurtaient avec fracas. De ce côté, des pas précipités étaient ceux de ces émissaires sanglans qui arrachaient de leur asile héréditaire des familles frappées par la contagion. La terre était jonchée de membres épars, de corps mutilés qui devenaient bientôt la honteuse pâture des animaux. Cet ami fuyait son ami qui tendait vainement ses bras vers lui. Ce fils craignait d'exposer pour son père une existence qu'il devait à son amour. Cette épouse repoussée par son époux, et sur le point de devenir mère, expirait faute de secours, avec le malheureux fruit de son hymen. Cet enfant enfin, avide d'existence et suspendu au sein maternel, suçait la mort avec le lait. Les chemins étaient couverts d'habitans qui , poursuivis par la terreur, allaient s'offrir hors des murs au coup qui les attendait , et périr dans les champs étonnés de l'abandon des hommes. Les collines voyaient leurs cimes dépouillées devenir le refuge d'un peuple de fugitifs , et ses flancs embrassés par des corps expirans. Les reptiles fuyaient les cavernes où l'homme venait creuser son cercueil. La mer effrayée s'affaissait sous le poids des vaisseaux qui formaient loin des murs une ville flottante, et recevait avec horreur des milliers de cadavres qu'elle vomissait aussitôt sur le rivage. Ce rivage lui-même était hérissé de mourans ; des spectres livides fuyaient partout la mort qu'ils trouvaient partout ; la terre n'avait plus de place à offrir au trépas , et ces tours qui avaient résisté à César , et qui servirent de remparts aux enfans de Phocée , devenaient la seule ressource et le dernier asile de leurs descendans (1).

A ces épouvantables horreurs , vinrent se joindre encore les horreurs de la famine. Bientôt ceux que la maladie avait épargnés expirent dans les angoisses de la faim. Le vol , le scandale , l'infamie s'emparent de cette ville désespérée et la parcourent de toutes parts. L'or devient la proie d'une coupable avidité : mais l'or cherche envain un grain plus précieux encore , et l'homme cupide qui l'adorait meurt sans force sur

---

(1) Les rues de Marseille et surtout la place nommée la Tourrette étaient tellement encombrées de cadavres , que l'on ne pouvait plus les ensevelir. Le chevalier Roze imagina de faire creuser deux bastions qui avaient soutenu , il y a plus de deux mille ans, les attaques de Jules César, et il les remplit de cadavres.

ses impuissans trésors. Vainement des administrateurs zélés demandent - ils de prompts secours ; vainement donnent-ils à la France l'exemple de la générosité et du dévouement ; la France, plongée dans la plus horrible dépravation, dépouillée par des systèmes destructeurs, déchirée par des dissentions théologiques, n'a ni secours à offrir, ni consolations à donner, et Marseille, considérée comme une terre maudite, est menacée d'une destruction totale.

Qu'elle est cruelle, qu'elle est déplorable la situation d'une ville que la contagion vient d'envahir. Livrée aux déchiremens de la douleur, elle se voit encore séparée du reste de la terre qui voudrait l'anéantir. La mort règne partout dans son sein, et la mort se présente partout sur ses limites. Ses champs abandonnés lui refusent ses alimens, et les nations épouvantées n'osent lui porter des secours qu'elles craindraient d'échanger contre la mort. Les habitans des eaux fuyent ses rivages ; les habitans des airs traversent avec effroi un air infecté qu'ils remplissent de cris aigus et lamentables. La nature entière semble enfin conspirer sa perte et désirer l'instant de sa ruine. O Marseille ! ô ma patrie ! quel sort funeste t'a destinée à offrir si souvent l'exemple de ce fatal abandon ! Qu'as-tu fait, pour que cette horrible contagion ait si souvent désolé tes rivages, et que le bras de l'Éternel, en moins de vingt siècles, t'ait frappée trente fois de ce terrible fléau ! Encore quelques instans, et ce dernier coup était mortel ; encore quelques instans, et ce conseil perfide (1) donné par la barbarie et repoussé

---

(1) On avait donné au Régent le conseil d'entourer Marseille de troupes, et de la détruire entièrement. Il le repoussa avec horreur.

par l'humanité, allait peut-être recevoir son exécution ; encore quelques instans, et ta population entière, abandonnée à son désespoir, allait succomber, à la lueur de ces mille feux, impuissans témoins de son désastre !!! (1).

Honte, honte éternelle à ces êtres inhumains qui, dans ces cruels momens, osèrent quitter leur patrie désolée : à ces hommes, instruits pour prolonger la vie, qui s'enfuirent à l'aspect du trépas : à ces élèves de l'art qui abandonnèrent dans leur laboratoire ces liqueurs salutaires que l'art destine à l'homme souffrant : à ces femmes habiles, qui, placées sur la frontière de la vie pour recevoir les jeunes fruits de l'hymen, osèrent quitter leur poste important : à ces ouvriers barbares qui refusèrent de préparer pour le malheur le premier aliment de l'homme : à ces administrateurs coupables qui désertèrent l'asile de la souffrance ou le sanctuaire de l'autorité : à ces pasteurs enfin qui, représentant un Dieu bienfaisant et humain, laissèrent expirer sans secours ces infortunés qui leur demandaient les consolations et les derniers conseils de la religion (2).

---

(1) D'après l'avis des médecins Sicard père et fils, chaque particulier allumait de grands feux devant sa maison.

(2) Divers médecins, apothicaires, sage-femmes, boulangers, intendans et officiers municipaux quittèrent Marseille. Les notaires l'avaient également quittée ; mais ils revinrent tous à la première réquisition qui leur en fut faite. Quelques prêtres et tous les chanoines de St.-Martin, à l'exception de Bourgearel, prirent également la fuite. M. de Belsunce les ayant vainement sommé de revenir, il remplaça les chanoines dans leurs bénéfices, et plaida lui-même, après la peste, devant le parlement d'Aix, la cause des nouveaux chanoines, que les anciens eurent l'impudeur de vouloir déplacer.

Mais honneur , honneur immortel à ce noble Lan-
geron, à ce généreux de Pilles, à ce digne Estelle, à ce
fidèle Moustier, à ce Roze , à cet Audimar, à ce Dieudé,
et à tant d'autres citoyens vertueux qui ne séparèrent
point leur fortune de la fortune de leurs compatriotes,
et prodiguèrent pour eux une vie sans laquelle tant de
vies eussent encore été sacrifiées ! Honneur à ces Chi-
coyneau, à ces Verny, à ces Deydier, à ces Peysonnel,
à ces Montagnier, à ces Robert , et à tant d'autres médecins illustres qui se dévouèrent pour le salut commun !
Honneur à ces prêtres vénérables qui , fidèles à leurs
devoirs , ouvrirent au moins les portes du ciel à ceux
à qui manquait la terre ! Honneur surtout , honneur
impérissable à ce digne prélat dont le nom sera éternellement lié aux destinées et à la gloire de Marseille !

Jadis , lorsque la nature donnait à la terre un de ces
hommes qui sont devenus l'amour du genre humain ,
elle produisait en même-temps des poètes et des orateurs
dignes de rappeler leur nom et d'immortaliser le souvenir
de leurs bienfaits : je ne puis prétendre sans doute à
la gloire d'attacher mon nom au nom de Belsunce ; cet
avantage est réservé à des hommes plus habiles et plus
éloquens que moi ; mais j'aurai rempli mon devoir, en
retraçant du moins ces vertus dont le souvenir peut seul
donner du prix à mon travail , et en montrant le héros
de Marseille au milieu des désastres de la contagion.

Inaccessible à la crainte , il était , comme Josué, partout où sa présence pouvait offrir des consolations ou
des secours. Loin de s'enfermer dans son palais, il
l'ouvrait à tous les malheureux qui étaient sûrs d'y
trouver un asile. Ce n'étaient pas les vains ornemens
du luxe qui en faisaient la décoration, Belsunce avait
su le rendre bien plus magnifique encore, il l'avait
garni de couches modestes, où l'infortune et la douleur

trouvaient un repos bienfaisant et une mort plus douce. Ce n'étaient pas des gardes, ni d'insolens valets qui en bordaient les avenues : c'étaient des malheureux que sa munificence appelait, et qui venaient en foule auprès de lui chercher des consolations toujours sûres et des remèdes toujours prêts. Sa table n'était pas couverte de mets somptueux, mais elle offrait des provisions abondantes et salutaires qui, sous une main généreuse, s'épanchaient dans le sein d'un millier de familles. Il n'était pas entouré de ces parasites importuns, de ces adulateurs cupides dont le pouvoir et la richesse se voient si souvent assiégés ; mais il était accompagné de dignes prêtres, de nobles imitateurs qu'il entraînait par son exemple, qu'il enflammait de son ardeur, et avec lesquels il préparait les consolations à porter, les secours à fournir, les bienfaits à répandre. Soutenu par son zèle, il envoyait ces dignes auxiliaires dans les lieux les plus infectés, et les investissait d'une autorité qu'il eût voulu, nouveau François de Salles, pouvoir partout exercer lui-même. Il s'élançait ensuite dans cette moderne Jérusalem que le bras de Dieu avait frappée, et, semblable à cette victime (1) qui, dans des temps d'idolâtrie, se présentait couronnée de fleurs pour attirer sur elle la colère céleste, il s'offrait sans cesse au funeste fléau, et semblait appeler sur lui seul tous les

---

(1) On avait vu souvent à Marseille, dans les premiers siècles de son établissement, que lorsque la peste se déclarait, un homme se dévouait pour le salut commun. On le couronnait de fleurs : on le promenait dans la ville, et on le conduisait ensuite à la mort, comme une victime offerte au courroux du ciel.

traits empoisonnés de la contagion. Mais le ciel veillait sur une tête aussi précieuse ; mais l'Éternel, touché de ses larmes, avait révoqué l'arrêt de la destruction ; mais la puissance suprême lui faisait de ses vertus un rempart impénétrable, et il marchait invulnérable et sacré au milieu des cadavres et des mourans. Envain le voyait-on, dès que le jour venait à paraître, auprès des infortunés entassés sur les voies publiques, les disposant à cette éternelle émigration qui leur assurait l'immortalité ; envain volait-il dans les hôpitaux pour y disputer au trépas des âmes découragées et abattues : envain se présentait-il dans les plus misérables réduits, pour y faire briller la divine lumière des élus ; le bras de l'ange conservateur avait toujours son bouclier étendu sur lui, et, sans cesse en présence de la mort, la mort reculait épouvantée devant lui.

Qu'on ne m'exalte point, comme le sublime du courage, la bravoure de ces guerriers qui, au milieu d'une foule de héros, volent avec eux à la victoire ou à la mort. Chargés des destinées d'un peuple, le souvenir les anime, l'exemple les enflamme, l'espérance les soutient. Ils savent que tous les vœux les accompagnent, que tous les regards sont fixés sur eux, que toutes les bouches sont prêtes à célébrer leurs succès : les champs qui se déploient devant eux les invitent à la valeur ; la mort que l'ennemi leur envoie, les excite à lui renvoyer la mort ; s'ils triomphent, des récompenses les attendent ; la patrie reconnaissante se charge de leur avenir, et la postérité encense leurs trophées : s'ils meurent, leurs concitoyens entourent leur cercueil et mouillent de leurs larmes une cendre chérie qu'ils déposent dans le temple de la gloire et de l'immortalité. Mais ces citoyens qui se dévouent pour une ville expirante, qui cherchent à combattre un épouvantable fléau, qu'espèrent-ils ? une mort presque toujours obscure : une gloire que peut-être on leur contestera : un repos qu'ils ne pourront trouver même dans la tombe outragée chaque jour par la main des hommes. Sans aucune illusion, sans aucun prestige, ils voient la mort les menacer sans cesse : ils voient le gouffre s'ouvrir, se refermer et s'ouvrir encore pour engloutir tout ce qu'ils ont de plus cher : ils voient la douleur se traîner avec effort vers son dernier asile, et leur laisser pour adieu le spectacle d'une effrayante agonie. Chaque aurore qui se lève peut éclairer leur trépas : chaque nuit peut être pour eux la dernière des nuits, et, appuyés sur le tombeau de leur famille, témoins de la désolation de leurs amis, affligés par le passé, épouvantés par le présent, tremblans pour l'avenir, ils n'osent espérer que la mort se lasse de frapper, et ils s'attendent chaque jour à voir crouler sous leurs pas cette terre fragile qui peut engloutir à jamais leur patrie, leur dépouille et leur nom.

Mais que vois-je ! (1) Quel est cet auguste sacrifice qui s'offre à mes yeux ! C'est Belsunce qui, du haut d'un autel expiatoire, verse sur un peuple prosterné autour de lui les bénédictions de la foi ! C'est ce peuple, à qui les temples fermés n'ont plus permis l'approche du sanctuaire, qui, tout entier à sa douleur, reçoit de la bouche du prélat l'espérance d'un meilleur avenir ; c'est Marseille qui est devenue un noble amphithéâtre consacré

---

(1) Le jour de la Toussaint, M. de Belsunce fit dresser un autel au milieu du cours. Il sortit pieds nuds, un flambeau à la main, suivi de son clergé, et s'avança processionnellement vers cet autel où il implora la miséricorde du Seigneur. Le 15 novembre, il se rendit aux Accoules, et étant monté au haut du clocher, donna sa bénédiction à la ville.

par le malheur , sanctifié par la piété , n'ayant que
des torches funèbres pour flambeaux , que ses champs
dévastés pour murailles et que le ciel pour dôme. Bientôt
l'hostie s'élève vers le Créateur ; l'encens parfume et
purifie cette atmosphère infectée par le trépas ; mille
fronts frappent la terre ; mille voix s'élancent vers le
Tout-Puissant , et des hymnes célestes , répondant aux
gémissemens de la douleur , présagent à la terre des
jours plus heureux. Je vois aussitôt transporter cet autel,
comme jadis l'arche sainte , dans les lieux les plus éloi-
gnés ; partout les fidéles peuvent contempler ce gage de
la rédemption , et courber leur tête devant un Dieu
mort pour eux sur la croix ; partout la bénédiction
épiscopale va chercher l'infortuné qui pleure et le
malheureux qui se meurt : la religion que , dans ses
jours de bonheur , le peuple avait dédaignée , devient
sa consolation et son espoir : la souffrance n'a plus
rien qui l'effraie ; le trépas plus rien qui l'épouvante ;
il désire la vie , mais la mort n'a rien d'affreux pour
lui , et le ciel lui paraît le terme et la récompense de ses
maux.

Il t'était réservé , ô Belsunce , d'opérer ce prodige.
Simple mortel , tu pouvais seul faire d'un peuple d'infortunés , un peuple de héros , et lui donner à respirer
sur la terre ce baume céleste qui n'est promis qu'aux
élus. Digne imitateur de ce Borromée que tu as sur-
passé peut-être par tes vertus , tu ne craignis pas
d'entraîner toute une ville après toi , revêtu des signes
de l'humiliation et de la douleur , et de te placer entre
la terre et Dieu pour servir de médiateur aux hommes.
Plus heureux que lui , tu pus distribuer aux fidèles ces
grains précieux que tes larmes avaient obtenus de la
générosité du Saint-Père , et voir tout un peuple rendu
par tes soins à la vie et au repos.

Ce fut au mois de juin 1721 que Marseille fut délivrée du fléau de la peste.

Mais Belsunce qui avait été, avant la contagion, un modèle de sagesse, de zèle, de piété, avait encore, après sa disparution, des vertus à exercer et des exemples à offrir. Il fallait s'exposer, en poursuivant l'épidémie dans les débris qu'elle laissait, à la voir renaître de ses cendres; il fallait rouvrir ces églises où la mort avait entassé les victimes; il fallait rendre à l'industrie et à la sécurité ces citoyens désolés qui, comme des malheureux échappés du naufrage, portaient encore sur leur front les marques de leur désastre: il fallait consoler des épouses sans époux, des pères sans fils, des fils sans mère, qui, sortis de la stupeur, les redemandaient à la terre; il fallait arracher au crime les dépouilles de l'infortune, et ramener enfin au bonheur une population désolée, veuve de ce qu'elle avait de plus cher. Belsunce y parvint-il ? Marseille florissante me répond aujourd'hui pour elle, et j'ai la douceur de proclamer que le zèle et le dévouement de mon héros ne se démentirent jamais.

Ici, Messieurs, je devrais placer sous vos yeux le tableau des dernières années du vertueux pasteur dont je vous présente l'éloge; mais que pourrais-je vous apprendre que vous ne sachiez déjà. Les lignes que j'ai tracées annoncent assez qu'il était bon, humain, bienfaisant, généreux; le récit des bonnes actions qui honorèrent la fin de sa carrière ne conviendrait qu'à l'éloge d'un prélat ordinaire, et se traînerait avec peine à la suite du récit que son dévouement illustre a rendu nécessaire. Vous ne voulez pas descendre à des détails que votre admiration devine et que votre enthousiasme dédaigne; votre esprit, plein du souvenir de tout ce que l'église a produit de plus grand, cherche un prélat à qui il puisse comparer , sous le rapport des vertus et du dévouement apostolique , le héros chrétien qui nous occupe , et vous me nommez Fénélon.

Eh bien ! oui, Messieurs , je vais m'emparer d'un nom si cher : je vais placer l'évêque de Marseille à côté de l'archevêque de Cambray. Eh ! ne croyez pas que ce rapprochement m'épouvante ; personne plus que moi n'adore la mémoire de Fénélon , mais personne plus que moi ne vénère celle de Belsunce : je ne crains pas que l'éclat de la vie d'un homme que la postérité admire puisse obscurcir celui des actions de Belsunce que la postérité révère ; Fénélon ne peut effacer Belsunce, de même que Belsunce ne peut faire oublier Fénélon ; les rayons immortels de leur gloire ne se repoussent pas ; ils s'unissent, ils se confondent pour former la céleste auréole qui orne leur front ; et , lorsque je nomme Fénélon , en parlant de Belsunce, je crois voir le premier présentant à l'admiration des peuples et à l'amour de son pays, ce héros de l'humanité avec lequel il doit être assis sur les premières marches du trône de l'Éternel.

Comme Fénélon , Belsunce justifia sa noble origine par d'éminentes vertus. Comme lui, il féconda par l'étude ces germes heureux dont la nature l'avait doué , et que la maturité de l'âge développa en lui , lorsqu'il s'élança dans le monde et s'éleva dans la chaire. Ainsi que lui, il fut armé des foudres de l'Église pour épouvanter l'hérésie , et il n'employa que des paroles de paix et le langage de la persuasion. Moins favorisé que lui par les destins , il n'eut point à instruire un illustre élève des devoirs de la royauté , et il n'eut pas, par conséquent, à écrire ces ouvrages qui seront éternellement la leçon des Rois et l'admiration des Peuples ; mais il forma le cœur de ces hommes qui se dévouaient au service des autels et à la prédication de la foi : et , dans diverses traductions savantes des pères de l'église , surtout dans son ouvrage sur l'antiquité de celle de Marseille , il donna la preuve de ses profondes connaissances en théologie , de la rectitude de son jugement et de l'extrême flexibilité de son talent qu'il avait développé avec la sensibilité la plus exquise , l'onction la plus pure , la grâce la plus noble , la plus touchante éloquence , dans l'abrégé de la vie d'Henriette de Foix , sa tante , dans ses instructions pastorales et dans ses sublimes mandemens. Comme Fénélon , Belsunce avait dans ses yeux , dans son maintien , dans tous ses traits , une dignité sans hauteur , une assurance sans présomption , une douceur sans recherche qui dévoilaient la beauté de son âme. Il était , ainsi que lui , pieux sans superstition et indulgent sans faiblesse. Sa conversation était aimable : ses manières d'une noble simplicité ; il contait avec une grâce infinie , et passait sans effort de l'abandon de l'amitié à l'enthousiasme du génie , pour descendre ensuite avec la même aisance au ton paternel qu'exigeait l'instruction de ses diocésains. Homme, et sujet par conséquent à faillir , il vit, comme l'archevêque de Cambrai , ses erreurs relevées par l'envie et réprouvées par l'autorité , et il se soumit, comme lui , avec résignation , aux décrets qui furent lancés contre plusieurs de ses ouvrages. Modeste et simple, à l'égal de Fénélon , il résigna, comme lui , des bénéfices que de nouvelles faveurs lui rendaient inutiles : plus heureux que lui , il n'eût pas la douleur de penser qu'on pouvait considérer Marseille comme son exil, et il put montrer à sa patrie , en refusant l'évêché de Laon , second duché-pairie de France , et plus tard l'archevêché de Bordeaux , que rien ne lui était plus cher au monde que le troupeau qu'il avait sauvé du naufrage. Enfin , pour achever

par un seul trait ce parallèle qu'il me serait si facile
de continuer , je rappelerai que la nature , cruelle
dans ses jeux , établit entre ces deux hommes un point
de ressemblance encore plus frappant ; Belsunce était à
Marseille pendant la peste , et Fénélon à Cambrai
pendant la famine , et tous deux , ils attachèrent leur
nom à ces deux époques désastreuses , et tous deux , ils
attirèrent les regards de l'Europe qui retentit d'un bout
à l'autre de justes transports d'admiration et d'un concert
unanime de louanges.

Mais ce rapprochement, que je pourrais encore prolonger , m'amène à un rapprochement funeste , celui du
trépas (1). Égal à Fénélon par ses vertus , Belsunce
est devenu aussi son égal par la mort. Il est arrivé
comme lui , quoique plus tard , à ce terme où la vie
finit et l'éternité commence, et le langage de la génération présente est aujourd'hui pour l'un et pour l'autre
le langage de la postérité.

Venez , venez , hommes du monde , contempler le
néant des grandeurs et connaître le vuide de l'ambition et du pouvoir. Fénélon avait été l'instituteur des
Rois ; il était prince de l'église ; il était l'objet de l'admiration et des hommages des peuples , et , descendu
dans le tombeau , sa vertu seule et ses ouvrages lui ont
survécu. Belsunce avait l'estime de son Roi , l'amour de
ses concitoyens , l'attachement de son maître aposto-

____

(1) Belsunce mourut dans sa maison de campagne près de Marseille , le 4 juin 1755 , d'une attaque d'apoplexie. Son corps fut
transporté la nuit suivante dans le palais épiscopal , et exposé à la
vénération et au pieux empressement , non-seulement des habitans de la ville , mais encore des habitans de tout le diocèse ,
qui accoururent de tous les côtés pour le voir encore une fois,

lique qui lui destinait la pourpre des cardinaux , et avait placé sur son cœur un gage irrécusable de satisfaction (1). Il n'est plus, et , sans le souvenir de ses bienfaits , sa mémoire reposerait avec sa dépouille dans l'éternelle nuit des tombeaux. Déposez donc, grands du monde , cet orgueil qui tend à vous dépouiller de tous vos avantages, et venez apprendre , près de la couche de Belsunce , comment on échappe à l'oubli.

Ah ! s'écriait un infortuné entouré de malheureux enfans : « Par quel moyen pourrai-je désormais fournir à ma famille ces alimens que chaque jour je recevais de sa main. » — « Je lui dois, disait un autre , ces lumieres qui ont éclairé mes erreurs et ont fait briller à mes yeux la voie du salut. » — « C'est lui, disait un prêtre vénérable, qui a assuré à ma vieillesse le pain de la vie, et a entouré mes derniers instans des douceurs d'une honnête aisance. » — « C'est encore lui, disait un homme respectable , qui a ouvert à la piété des demeures sacrées , à la souffrance des hôpitaux , à la jeunesse une illustre arène , et un sanctuaire au talent (2) » — « Oui, c'est lui qui nous a conservé la vie, criait en pleurant tout le peuple prosterné , c'est lui qui a sauvé Marseille et nous a rendu le bonheur. » Et un silence profond , interrompu par des sanglots , succédait ensuite à ces cris de douleur.

---

(1) Le pape Clément XI, plein d'estime et d'admiration pour Belsunce , lui envoya le *pallium* , et lui promit le chapeau de cardinal , que la mort prompte de ce pontife ne permit pas à Belsunce d'obtenir.

(2) M. de Belsunce a fondé des hospices , des séminaires et un collége qui portait son nom. Il a aussi contribué à l'établissement de l'Académie des sciences , lettres et arts de Marseille.

Ah ! que n'existait-il alors dans notre patrie un lieu semblable à celui qui, près du puits des Pyramides, séparait les mortels expirans de leur commune sépulture, l'on eût vu Marseille en deuil suivre, sur les bords du lac sacré, l'humble dépouille de Belsunce, et, d'une voix que n'eût point affaiblie l'imposture, s'écrier : « Ce n'était pas un conquérant celui que nous pleurons : il eût peu ambitionné des lauriers souillés par le sang des peuples ; ce n'était pas un homme d'état, il savait que la politique est le plus souvent injuste et presque toujours inhumaine ; ce n'était pas un fondateur, il n'ignorait pas que les plus pompeux monumens n'attestent presque toujours que l'orgueil de ceux qui les ont élevés ; mais c'était l'ami, le bienfaiteur, le père des peuples, et il a ainsi effacé les noms des poténtats et des maîtres du Monde. » Et ces paroles eussent retenti jusqu'aux extrémités de la terre. Marseille n'a pu jouir de cet avantage ; elle n'a eu pour interprète que ses pleurs ; mais ces pleurs même étaient éloquens, et Belsunce, à son lit de mort, était encore un assez beau spectacle.

Il est permis cependant de s'étonner que dans le moment funeste où il fut ravi à la terre, il ne se trouvât pas un seul homme assez maître de sa douleur, pour s'élancer du milieu de ce peuple en larmes, et élever sur le théâtre de ses malheurs, le monument de sa reconnaissance. Là, sur un marbre éternel, le ciseau eût gravé à jamais le récit des bienfaits de Belsunce et eût associé à son illustre nom les noms chéris des compagnons de ses travaux. Là, le génie de l'artiste leur eût fait partager une immortalité de gloire, comme ils partagent une immortalité de souvenirs. Ah ! sans doute que ce monument, qui aurait rappelé tant de maux et tant de vertus, n'eût pas trouvé des hommes plus féroces que la contagion elle-même , qui recula devant Belsunce. Échappant à nos temps de désastres , il serait peut-être devenu l'autel auguste de la réconciliation.

Consolons-nous cependant d'un oubli qu'il est encore facile de réparer , et félicitons-nous d'avoir été destinés à payer la dette de la reconnaissance. Oui, Marseillais, félicitons-nous de vivre dans une époque aussi féconde en bienfaits que le siècle passé le fut en désastres. Comme en 1720 , nous avons vu le démon de la peste vomi sur nos rivages (1) : mais des magistrats vigilans et éclairés l'ont repoussé dans une enceinte impénétrable , et sont parvenus à l'étouffer sous leurs efforts. Comme alors , nous avons vu un auguste prélat (2) déployer devant nous les pompes de l'église et s'élever sur une antique tour pour bénir une cité fidèle ; mais les hymnes du peuple n'étaient pas des chants de douleur , et la bannière des autels flottait sur une terre libre , industrieuse

---

(1) Un bâtiment venu de Tunis avait porté la peste dans le lazareth de cette ville au commencement de l'année 1820. Parmi les habitans de Marseille qui , dans cette circonstance , tinrent la conduite la plus honorable , on doit distinguer MM. *Claude Berard , Fine , Lelland , Autran-Perron , Azar aîné , Antoine Gravier , Joseph Laugier , Payen , Casimir Lasalle , Pierre Plasse, J. A. Revest , Roux Bonnecorse , Boissier , Crozet d'Ellayet , Étienne Majastre* et *Bruno Rostan* , intendans de la santé , qui, ne quittant pas le lazareth pendant tout le temps que la peste y régna, et se relevant l'un l'autre, opposèrent une barrière impénétrable à cet épouvantable fléau. On doit distinguer aussi MM. les docteurs *Segaud , Robert , Labrie , Girard , Muraire* le jeune *Nel,* élève en médecine , qui se dévoua au service des malades ; MM. *Martin , Dalmas , Allier , J. B. Croze-Magnan , Ventre et Esclapon ,* à qui le Roi a accordé des médailles d'argent , ainsi qu'à MM. les intendans.

(2) M. de Bausset , archevêque d'Aix.

et féconde. Plus heureux que ceux qui nous ont précédés , nous voyons la France , instruite à l'école de ses malheurs , et fière de son antique gloire , présenter de tous côtés ses villes florissantes aux nations jalouses , et , le front couronné de nouveaux et immortels lauriers , marcher , sous l'égide de son Roi et de la Charte, à la conquête de ses lois , et d'une noble et généreuse liberté.

GR. F.

LE JOUR DE L'AN.

Tu prétends vainement, te croyant deux fois sage,
Delmont, me faire aimer cet insipide usage
Qui, de janvier pour nous annonçant le retour,
De l'an qui va s'ouvrir marque le premier jour.
Je ne puis adopter tes maximes frivoles ;
Ton discours en trois points et tes doctes paroles
Ne sauraient convertir en doux amusemens
Les soins qui, dans ce jour, persécutent les gens.
Eh ! que me fait à moi que ma sœur, que ma femme
Pendant vingt jours entiers laissent en paix mon âme !
Que ma fille et mon fils, cachant mal leurs desseins,
Me cajolent d'avance et me baisent les mains !
Que chez moi mes valets, prompts à me satisfaire,
D'une semaine au moins n'excitent ma colère !
Je sais où leurs efforts sont jaloux d'arriver,
Et que si leur amour cherche à me captiver,
C'est que d'un witchoura madame a fantaisie ;
Que d'un schall élégant ma fille aurait envie ;
Que fidèle à ses goûts, mon fils croit sans façons
De ma bourse en ce jour délier les cordons,
Et qu'enfin mes valets d'une pesante étrenne
Veulent rendre pour eux la chance plus certaine.
On n'aspire, en un mot, à tant me caresser
Que pour, de mon argent, mieux me débarrasser ;
Et convaincre mes yeux qu'en aucun coin du monde

On n'aima d'une ardeur plus vive et plus profonde ;
Qu'il n'est pas sous le ciel un père plus chéri ,
Un époux moins contraint , un maître mieux servi.
Puis , de soins si touchans briguant la récompense ,
On attend le produit de la reconnaissance.
Et tu prétends , Delmont, qu'ainsi sans dire mot
Je me laisse berner comme ferait un sot,
Et que de tant d'égards je devienne la dupe !
Mais de ce jour enfin qui d'avance t'occupe ,
Dis-moi, quels seront donc les sublimes plaisirs ?
Je vois dès le matin, prévenant tes desirs,
De tes parens nombreux la phalange indiscrette
Qui, pour venir chez toi pompeusement s'apprête.
Bientôt du bataillon l'envoyé matinal
Te fait payer le son d'un tambour infernal.
Après, c'est de la nuit l'ambulant émissaire
Qui des heures du jour t'annonce la première.
C'est aussi des maçons le servant ponctuel
Qui vient te saluer d'un bouquet fraternel.
C'est du cercle où tu vas le portier à flamberge ;
Du corps auquel tu tiens c'est le pédant concierge ;
C'est ton barbier poudré , ton fidèle imprimeur,
De tes souliers crottés l'agile barbouilleur ;
C'est enfin d'importuns une horde quêteuse
Qui bientôt , t'abordant d'une allure joyeuse ,
De tes louis changés délivre ton gousset,
Et te vend le bonheur que chacun te promet.
Tu trompes cependant la foule qui te guette,
Et dans ton cabinet cherchant une retraite ,
Aux visites du jour tu vas te disposer,

Tandis que mons Frontin, maître en l'art de ruser,
Ferme comme un pilier, se tenant à ta porte,
De mille visiteurs disperse la cohorte.
Te voilà prêt ; tu sors. En dépit du verglas,
Ton costume léger affronte les frimats ;
Tu classes tes billets ; tu déroules la liste
Des amis alignés dont le nombre t'attriste :
D'en visiter certains tu voudrais t'exempter ;
« Damis, dis-tu, ma foi, pourrait bien s'éviter :
Depuis douze grands mois je n'ai vu son visage ;
Mais pourtant l'an dernier, s'étayant de l'usage,
Il vint chez moi laisser un billet, et je dois
Le prévenir au moins cette seconde fois. —
Clitandre osa sur moi se permettre un murmure ;
Mais il tient cependant à la magistrature,
Il possède un beau nom, un rang et des aïeux ;
Il faut se ménager des amis en tous lieux. —
Harpagon est honni pour sa vie usuraire ;
Mais que sais-je ! il peut m'être utile en quelque affaire ! —
Philinte est regardé partout comme un vaurien ;
Mais il se fait passer pour un homme de bien :
Il est, comme un méchant, inquiet, susceptible :
Et l'on doit des méchans craindre l'humeur nuisible. —
Cléanthe me reçoit toujours avec froideur :
C'est un homme bouffi d'orgueil et de hauteur ;
Je ne puis le souffrir : cependant il dispose
Du pouvoir, du crédit : on peut pour quelque chose
Avoir besoin de lui. Fait pour me protéger,
Il serait imprudent de trop le négliger. »
Ainsi trouvant toujours une raison valable,

(4)

Tu ne peux de ta liste effrayante , implacable ,
Retrancher une ligne , effacer un seul nom ,
Et te voilà parti , sans pouvoir dire non.
Mais oseras-tu bien t'offrir à Cidalise ,
Te présenter chez Laure , aborder Artémise ,
De la charmante Églé voir le joli minois ,
Sans d'un objet de goût leur soumettre le choix.
Cours donc chez *Noseda*, cours chez *Blanc*, chez *Peronne*,
Demande chez *Rouyer* ces bijoux *qu'on y donne* :
Achète sans compter ; surtout prends du plus beau ;
Peut-on payer trop cher un objet tout nouveau !
Rassemble-les et fuis. Mais les enfans d'Hortense ,
Les sœurs de Dorilas , les filles de Clémence ,
Pleins d'un espoir charmant, t'attendent au logis.
Ne vois-tu pas déjà leur aimable souris ?
Leurs yeux avec finesse ont consulté tes poches ;
Tu ne ressembles point à ces hommes trop gauches
Qui, feignant d'ignorer des devoirs bien connus ,
Des fils et des parens sont toujours mal reçus.
Tiens , *Garnier*, *Dussouchet* t'offrent leurs sucreries;
Prends ces fruits parfumés , ces boîtes enrichies ,
Ces bonbons à la rose , et ces frêles cédrats ;
Prends tout, prends dans la poche , à la main, sous les bras ;
Charge-toi , va donc , cours , et partage la joie
Qui devant les paquets ce jour-là se déploie ;
Mais surtout au salon garde toi de monter ,
Sans que dans l'antichambre on t'ait vu t'arrêter.
Chez une femme aimable il faut des domestiques
Captiver avec art les faveurs despotiques ;
Tu n'y pris, je le sais , qu'un dîner sans façon ,

Mais tu dois ton écot à toute la maison.
Donne donc sans tarder et donne avec adresse,
Il faut te dépouiller sans que cela paraisse ;
Contre leur bonne humeur échange tes écus
Et crois que ces égards ne seront point perdus.
Les deux battans déjà sont ouverts à ta vue ;
Introduit près de Lise , une joue ingénue
S'offre à toi ; donne et pars ; ou si tu veux t'asseoir,
Ne t'assieds qu'à demi : laisse du moins l'espoir
Qu'au premier importun tu vas céder la place ;
Cherche surtout alors à parler avec grâce
Des visites du jour , de la beauté du temps ,
 Des mille riens pompeux qu'étalent les marchands ,
Du voile de Chloris, des plumes de Charlotte ,
Et puis , de fruits sucrés ouvrant la papillote,
Devine le rébus , l'énigme , le sonnet ,
D'une froide chanson déroule le couplet ;
Lis la devise : ami , dans ce jour de torture
La devise est la fleur de la littérature.
Après , fuis ; car partout il est bien entendu
Que l'instant qu'on emploie est un instant perdu.

Ainsi , de porte en porte arpentant chaque rue ,
Montrant à tout venant ta figure abattue,
Le soir arrive , enfin , et tu reviens chez toi ,
L'estomac affaibli , la tête en désarroi ,
Crotté , froissé , rendu , gousset et poches vides ;
Heureux si par hasard dans tes courses rapides
On t'a dit quelquefois « personne n'est céans. »
Et si certains faquins dans leurs embrassemens

T'exprimant une ardeur que tu croyais frivole,
Ne t'ont pris à la gorge ou démis une épaule.

Et voilà, cher Delmont, le bonheur attendu ! ! !
Si c'est là s'amuser, je veux être pendu.

Gʀ. ꜰ.

ÉPITHALAME.

Le plaisir balançait les ioniques flots.
De leurs hymnes trois fois, les filles de Téos
Venaient de saluer le flambeau d'hyménée,
Trois fois la coupe d'or vers Thaïs ramenée
D'Ariste avait reçu les amoureux soupirs,
Et de sa jeune amante éveillé les désirs.
Près des époux, Daphné de son urne arrondie
Sur leurs cheveux flottans répandait l'ambroisie.
Athénaïs, courbant le myrte et le lotus,
En couronnait pour eux le thyrse de Bacchus.
Par la rose et le lys la terre parfumée
Disputait aux zéphirs une haleine embaumée,
Et le luth, célébrant des plaisirs aussi doux,
Du bonheur des mortels rendait les cieux jaloux.
Un vieillard aussitôt devant eux se présente.
Dans les plis onduleux de sa robe flottante
Folâtraient les amours et se jouaient les ris.
Son front courbé par l'âge et ses cheveux blanchis
Unissaient avec art, sous le pampre et le lierre,
Le laurier d'Apollon au myrte de Cythère.
Une corde sonore a frémi sous ses doigts ;
Des préludes savants ont annoncé sa voix ;
Tout s'appaise et se tait, sur cette aimable rive
Tout prête avidement une oreille attentive ;
Le zéphir près de lui s'agite sans effort ;
La vague, du rocher vient caresser le bord,

Et les échos, amans de la douce harmonie,
Écoutent les accens du vieillard d'Ionie :

« Troupe folâtre des amours,
D'Apollon aimable cortège,
Bacchus que Jupiter protège,
De soie et d'or filez leurs jours.

Loin de cette plage chérie
Chassez les soucis, les pavots,
Et que les roses de Paphos
Sèment le sentier de leur vie.

Guidez leurs pas voluptueux
Bien souvent dans la grotte humide ;
Là que pour eux l'heure rapide
N'amène jamais les adieux.

Que de fleurs une aimable chaîne
Les retienne au sein des plaisirs,
Et que l'haleine des zéphirs
Des amours parfume l'haleine.

Bosquets, prêtez-leur vos berceaux,
Courbez sur eux votre feuillage ;
Que sous votre riant ombrage
S'éternisent des jours si beaux.

Amour, ferme seul leur paupière
Lorsque se voileront les cieux :
Quand au jour s'ouvriront leurs yeux,
Soleil, adoucis ta lumière.

(3)

Gazon, sur un tapis bien doux
Offre-leur une aimable couche ;
Que le sourire de leur bouche
Marque le réveil des époux.

A leurs pieds, ô chastes naïades ,
Faites couler des flots d'azur ,
Et devant eux que l'argent pur
Du coteau s'échappe en cascades.

Dieu des chants , confie à leurs doigts
L'or de ta lyre harmonieuse ;
Que ta flûte mélodieuse
S'unisse à leur touchante voix.

Mais quand de la coupe légère
Leurs lèvres presseront les bords ,
Dieu des chants , suspends tes accords ,
Laisse ce moment au mystère.

Troupe folâtre des amours ,
D'Apollon aimable cortége ,
Bacchus que Jupiter protége ,
De soie et d'or filez leurs jours. »

Gr. f.

LYCORIS.

ELEGIE PASTORALE.

.... *Postquam te fata tulerunt ,*
Ipsa Palès agros , atque ipse reliquit Apollo.
VIRG., Églogue V.

DIS-MOI, berger charmant , d'où naissent tes alarmes ?
Eh ! quoi ! si jeune encor peux-tu verser des larmes ?
Pour toi seul ces beaux lieux n'ont-ils donc point d'attraits ?
Cet antre de la *Sorgue* est l'humide palais ;
De l'onde qui s'enfuit entends le doux murmure ,
Vois ces bords enchanteurs émaillés de verdure ,
Regarde ; tes brebis gravissent le coteau ;
Déjà l'air retentit des sons du chalumeau ,
L'azur de ce beau ciel par degrés se colore ,
Aux premiers feux du jour le mont voisin se dore ,
Les pâtres matineux vont y porter leurs pas ,
Ils t'appellent..... Mais quoi, tu ne m'écoutes pas !
Sur ce tertre penché tu regardes la terre ,
Tes yeux mouillés de pleurs inondent cette pierre !
Ah ! dans mon cœur ami , viens épancher ton cœur.
Tes chagrins partagés , en auront moins d'horreur.

Etranger, ne crois pas adoucir ma souffrance ;
Hélas ! j'ai tout perdu, tout jusqu'à l'espérance.
J'adorais Lycoris, elle dort en ce lieu :
Dormir ici comme elle est mon unique vœu,
Écoute ; dans ce bois qui termine la plaine,
Lieu chéri des amans, lieu berceau de ma peine,
Chaque soir de nos bords les heureux habitans
Venaient se délasser des fatigues des champs ;
Et là, de la jeunesse empruntant le langage,
Tantôt Glaucus contait les jeux de son jeune âge ;
Tantôt rangés en cercle, assis sur le gazon,
D'un jeune agneau nos mains caressaient la toison ;
D'autres fois, réunis sous l'ombrage d'un hêtre,
Ensemble nous formions une danse champêtre,
Ou, gonflant avec art son rustique pipeau,
Myrtil jouait des airs inconnus au hameau.
Un jour, jour trop présent à mon âme accablée,
Le bouvier dont tu vois la cabane isolée,
Palémon de sa fille annonce le retour.
(Il l'avait, dès l'instant qu'elle reçut le jour,
En delà de ces monts au sage Hylas remise,
Hylas dont à son fils la fille était promise)
Bientôt il la présente à nos regards surpris :
Non jamais tout l'éclat, la blancheur de nos lys
Ne pourront égaler sa blancheur éclatante ;
Jamais de nos jardins la fraîcheur ravissante
Ne pourra de son teint surpasser la fraîcheur.
Tout en elle annonçait, respirait la douceur ;
De nos saules sa taille égalait la souplesse,

Ses pieds , avec nos daims , disputaient de vitesse ;
Son sourire était tendre et plus doux que le miel ;
Son regard nous semblait un vrai rayon du ciel ;
Venait-elle par fois se mêler à la danse ,
On ne regardait qu'elle : et quand dans le silence
Nous écoutions les airs que répétait sa voix ,
La flûte de Myrtil s'arrêtait sous ses doigts ,
Bien moins que ses accents et touchante et sonore ;
Elle ne chantait plus ; nous écoutions encore.
Oh ! qu'il est douloureux ce charmant souvenir !
Hélas ! j'ai tout perdu, je n'ai plus qu'à mourir !
Je t'ai perdue, ô toi ! toi , mon bonheur suprême ,
Lycoris , désormais voilà tout ce que j'aime ,
Ton tombeau. . . . . Mais apprends , généreux étranger,
Par l'excès de mes maux , si l'on peut les changer,
Dès qu'on vit au vallon cette beauté divine ,
Nos pâtres, nos bergers quittèrent la colline.
Séduits par ses talens , entrainés par l'amour ,
Auprès de sa cabane ils devançaient le jour ;
Les uns de leur jardin lui portaient les prémices ,
D'autres un pur froment, le lait de leurs génisses ,
Quelques fruits échappés aux rigueurs des saisons ,
Des fleurs que sur sa porte ils rangeaient en festons.
Mais inutiles soins ! autant qu'elle était belle
Ma Lycoris pour eux était fière et cruelle ;
Partout ils la cherchaient et ne la trouvaient pas ,
Et seul je connaissais la trace de ses pas ;
Je n'avais point offert cependant mon hommage ,
J'ignorais de l'amour le séduisant langage ;

Mais sitôt que mes yeux la voyaient dans le bois ,
Interdit et confus , je demeurais sans voix ;
Un doux frémissement s'emparait de mon être ,
Je voulais· fuir , hélas ! en étais-je le maître !
Elle aussi se taisait , et pourtant au coteau
Son troupeau tous les jours rencontrait mon troupeau;
Tout bas elle chantait la chanson que la veille
Je faisais répéter à sa bouche vermeille.
Elle avait sur son cœur le ruban dont ma main ,
Sans qu'elle l'aperçut , avait orné son sein ;
Ensemble nous cherchions le même pâturage ,
Nous égarions nos pas dans le même bocage ;
Souvent , assis tous deux sur le bord d'un ruisseau ,
Nos yeux se rencontraient au miroir de son eau :
Après , sans le vouloir, ma main touchait la sienne ;
Sa tête mollement se penchait sur la mienne ;
Son haleine embaumait l'air que je respirais ,
Elle me disait *j'aime* , et *j'aime* je disais.
Tout prenait devant nous un aspect plein de charmes ,
Nos yeux souvent baissés se remplissaient de larmes ,
Le ciel était plus pur , plus rians nos coteaux ,
Et rien n'était plus doux que le chant des oiseaux.
Hélas ! combien ces jours eurent peu de durée !
Seul , j'errais un matin sur sa trace ignorée ,
J'appelais Lycoris , et l'ombre de ces monts
Descendant à pas lents obscurcir nos vallons ,
A mes yeux inquiets ne l'avait point offerte ;
J'accours à sa cabane et je la trouve ouverte :

J'entre . . . . . Tout retentit de sanglots et de cris ;
Que vois-je, ô ciel! c'est elle, elle ma Lycoris !
La mort, l'affreuse mort plane, hélas! sur sa couche ;
Le sourire enchanteur n'effleure plus sa bouche ;
La douleur a fané les roses de son teint,
Le voile du trépas couvre son œil éteint ;
Lycoris est mourante. . . . . O Dieu qui vis mes larmes !
Que je ne pus fléchir, qui comblas mes alarmes,
Qui, loin de m'accorder un bonheur tant promis,
Livras au désespoir un cœur simple et soumis,
Tu sais ce que je fis pour prolonger sa vie !
Mais qui peut de la mort désarmer la furie ?
A la troisième nuit, accablés, éperdus,
Nous l'appelions encor ; elle ne vivait plus.
Depuis lors la douleur ronge mon existence,
La joindre est ma plus douce et ma seule espérance.
Ces lieux chers aux troupeaux, sont pour moi des déserts,
Pour moi le rossignol a cessé ses concerts,
Ces bords n'ont plus de fleurs, l'onde plus de murmure,
A mes yeux désolés il n'est plus de nature ;
Je laisse mes brebis errer sur le coteau ;
Le chien de Lycoris seul vient sur ce tombeau,
Avec moi par ses cris appeler mon amante ;
Hier même en tremblant je vis une ombre errante
Qui, me montrant la terre où ma Lycoris dort,
Me dit : elle t'attend au séjour de la mort.

Ainsi, noble étranger, laisse éteindre ma vie ;

La fleur de mon printemps à jamais est flétrie ;
Laisse-moi : tes efforts, va, seraient superflus
L'aurore ici demain ne me trouvera plus.

GR. F.

L'ADIEU.

ÉLÉGIE.

COMME une fleur que le plaisir
N'a point épanouie encore ,
Demande à la nuit , à l'aurore ,
Le premier souffle du zéphir.

Ou comme la rive penchante
Que viennent caresser les flots ,
Courbe mollement vers les eaux
De ses gazons l'herbe naissante.

Ainsi , voyant mes premiers jours
Couler au sein de la tristesse ,
J'offrais ma timide jeunesse
Au brillant essaim des amours.

Tu parus : soudain , sans murmure ,
Mon cœur se rangea sous ta loi ;
Dès-lors je ne vis plus que toi ,
Que toi seule dans la nature.

J'osai te peindre mon ardeur ;
J'osai t'exprimer mon délire ,
Et sur les cordes de ma lyre
Je trouvai des chants de bonheur.

Mais comme l'ombre qui s'élève,
Comme la vague qui s'enfuit ,
Comme les vapeurs de la nuit,
J'ai vu s'évanouir mon rêve.

Ton cœur parut être offensé
Des transports qu'allumait ma flamme ;
Tu voulus briser dans mon âme
Le trait dont tu m'avais blessé.

Aussi coupable et plus sévère
Que cet inhumain oiseleur ,
Qui ravit au nid protecteur
L'oiseau qu'allait revoir sa mère ,

Tu m'enlevas mon doux espoir ;
Comme à la pelouse embrasée
La nuit enlève la rosée
Qu'elle dut aux larmes du soir.

» O toi pour qui mon cœur soupire ,
Te disais-je , cède à l'amour :
Sans lui l'existence est un jour
Qui n'a ni soleil , ni zéphire.

Ne crois pas fuir sa douce erreur :
Jadis une nymphe insensible ,
Même sous l'écorce inflexible
Sentit qu'elle portait un cœur.

(3)

Partage l'ardeur qui me presse ;
Viens te reposer sur mon sein :
Le rameau du saule voisin
Saura protéger notre ivresse. »

Et l'écho redisait ce chant ! . . .
Mais comme la vague amoureuse
Qui, glissant sur la plage heureuse,
Meurt au pied du roc menaçant.

Telle ma prière touchante
Cherchait à te porter mes vœux,
Et voyant la foudre en tes yeux,
Mourait sur ma lèvre tremblante.

Chaque jour le char du soleil
Semblait me ravir sa lumière ;
Chaque nuit, ma faible paupière
Appelait envain le sommeil.

J'ai vu dans le cercle sonore
L'aiguille entraîner bien des jours,
Et pour moi l'heure des amours
N'a pas été marquée encore.

Mon front par la mort est atteint ;
Ma voix se refuse à l'oreille ;
On dirait que mon œil sommeille,
Et c'est la douleur qui l'éteint.

Ainsi que la voile immobile
Qu'abandonne un vent protecteur,
Sur les flots brûlans du malheur
Ma rame devient inutile.

Adieu , j'ai cessé d'espérer ;
Bientôt va s'exhaler ma vie ;
Mais du moins sur l'herbe flétrie ,
Viens un jour me plaindre et pleurer.

GR. F.

LE CAPTIF A BABYLONE.

Tu flagellas et salvas, déducis ad inferos
Et reducis. *Tob. ch. XIII. vers.* 2.

L'OMBRE avait effacé les tours de Babylone.
L'aveugle Assyrien, tranquille auprès du trône,
Confiait à la nuit ses plaisirs imposteurs,
Et d'Israël captif laissait couler les pleurs.
Conduit par ses regrets dans le bois solitaire,
Eliacin priait au tombeau de son père :
« Grand Dieu, s'écriait-il, sur ces bords odieux
Laisseras-tu périr ton peuple malheureux ?
Tu l'avais annoncé par la voix des prophètes,
Le Seigneur, disais-tu, protégera vos fêtes ;
Il domptera l'orgueil du fier Assyrien,
Frappera tour-à-tour le Scythe et l'Indien,
De l'Héllespont jaloux assujettira l'onde
Et placera Sion sur le trône du Monde.
Et cependant j'ai vu désoler nos cités ;
J'ai vu, pendant le cours de nos solennités,
Deux fois la ville sainte au pouvoir du Barbare ;
Une main sacrilége abattre la tiare ;
Nos autels renversés, notre temple détruit,
Les fils d'Aâron plongés dans l'éternelle nuit,
Un dieu, rival impur du vrai Dieu des armées,
Poursuivre, disperser nos tribus alarmées ;
L'impie avec audace, aux rives du Jourdain,

Immoler sans pitié les fils de Benjamin ;
La hâche du saint-lieu faire tomber les portes,
Le fer dans les parvis renverser nos cohortes,
Le roi de l'univers dans son temple bravé,
Sur les débris de l'arche un vil bois élevé,
La tige de Jacob de Sion arrachée,
La fleur de nos tribus en son printemps séchée,
Un peuple entier, tremblant sous de vils oppresseurs,
A son dieu, pour encens, n'offrir plus que ses pleurs,
Tout Israël enfin enchaîné par des maîtres,
Et banni de la terre où dorment ses ancêtres !
Et ce joug odieux n'a point encor cessé !
Et sur des bords lointains ce peuple est dispersé !
La cité du Très-Haut n'est plus qu'un vil repaire ;
Le Seigneur d'Abraham n'a point de sanctuaire,
L'herbe croît sur les murs qu'éleva Salomon,
Et l'Euphrate a reçu les débris de Sion !
Grand Dieu ! de Chanaam si la terre promise
Ne put être le prix des travaux de Moïse ;
Si toi même au Jourdain voulus guider nos pas,
Pourquoi de fers honteux as-tu chargé nos bras !
Pourquoi, de tes autels repoussant nos lévites,
As-tu proscrit les fils de tes Israélites ?
Si tu nous destinais ce cruel avenir,
Si ton peuple fidèle ici devait périr,
Que servait de briser le joug de l'esclavage
Si long-temps, sur le Nil, notre unique partage
D'offrir à nos aïeux le sein des eaux ouvert ;
D'attacher une source au rocher du désert ;
Sur le mont Sinaï d'annoncer ta puissance ;

De tromper d'Amalec la jalouse espérance !
Pourquoi de Jéricho fis-tu tomber les tours !
Du soleil qui fuyait arrêtas-tu le cours !
De trois fois cent héros réunissant l'élite ,
Soufflas-tu la terreur au sein Madianite ,
Et, pour nous protéger , divisant le pouvoir ,
Élevas-tu le sceptre auprès de l'encensoir !
Lorsqu'au fils d'Isaï tu confias ton glaive ;
Que ta main couronnait un sage en son élève ;
Qu'à ton temple attachant le jaspe et le saphir ,
Ses murs s'enrichissaient des dépouilles d'Ophir ;
Que remplissant ces lieux de ta noble présence
Et de ton bouclier couvrant son faîte immense ,
Du jaloux Chaldéen tu comptais la fierté
Et de Jéroboam trompais l'impiété ;
Alors nous acceptions cet espoir favorable
Qu'un jour enfin , levant sa tête vénérable ,
Jérusalem au Monde imposerait sa loi
Et d'immortalité couronnerait son Roi.
Hélas ! qu'est devenu cet espoir éphémère ?
Du berceau de l'aurore aux confins de la terre
L'Hébreu meurt tristement à ses fers attaché,
Et le trone d'Israël est près d'être arraché.
Si tu nous préparais ces longues funérailles ,
Dieu ! que n'as-tu sur nous fait tomber nos murailles !
Mais du moins d'un seul coup frappe un peuple attristé ;
Le captif, au tombeau , reprend sa liberté.

Vers l'Éternel déjà s'élevait sa prière,
Une voix, tout-à-coup , à ces lieux étrangère ,

(4)

S'écrie : « Eliacin , quel souhait formes-tu ?
Si Dieu punit le crime il soutient la vertu.
Lorsque sur Israël il dirigea la foudre ,
Il dut d'un vil encens anéantir la poudre ,
Et , vengeant de son nom le mépris odieux ,
Des rives du Jourdain bannir un culte affreux.
Vous avez de l'erreur porté la juste peine ;
Votre long repentir va briser votre chaîne.
Écoute , Eliacin : avant que l'Orient
Courbe son front d'azur vers le soleil naissant ,
Tu verras s'écrouler les murs de Babylone ,
Et le bandeau des Rois ceindre un front qui pardonne.
Des enfans de Jacob les fers seront brisés ;
Les pleurs seront taris , les maux cicatrisés ;
L'arche s'élèvera sur la montagne sainte ;
Les cèdres du Liban formeront son enceinte ;
Le Perse à ton autel offrira son tribut ,
Et dans ton noble appui cherchera son salut ;
Le Grec , voyant des siens les haines étouffées ,
Des palmes de Sion ornera ses trophées ,
Et la Reine du monde , adorant ta splendeur ,
Courbera devant toi son front triomphateur.
Israël , j'ai sonné l'heure de la vengeance ;
L'Assyrien succombe , et ton règne commence. »

A peine l'air sonore a-t-il redit ces mots ,
Qu'à des peuples vainqueurs l'Euphrate ouvre ses eaux ;
Babylone en son sein voit le dieu des batailles.
Un invisible bras renverse ses murailles.
La mort d'un peuple entier abrège les destins.

(5)

Le fer atteint l'impie au milieu des festins ;
Il vomit dans le sang son âme impitoyable ;
Ses dieux sont écrasés sous leur temple exécrable ,
Et Cyrus, étendant un long crêpe de deuil ,
Fait d'une ville immense un immense cercueil.

D'Israël tout-à-coup les tombes s'ébranlèrent ,
Des captifs étonnés les chaînes se brisèrent ,
Mille voix du Très-Haut entonnèrent les chants ;
On dit même qu'alors dans le séjour des vents ,
Sur un trône de feu, Dieu s'offrit à la terre ,
Qu'à ses pieds, de Sion l'on vit la cime altière ;
Sur des colonnes d'or , qu'un temple éblouissant ,
Soudain parut sortir du sein du firmament :
Que de robes de lin les prêtres se couvrirent ,
Des filles de Lévi les harpes s'entendirent ,
Des guirlandes sans nombre ornèrent les saints-lieux
L'encens quitta l'autel pour monter vers les cieux ;
Et la religion, des voûtes éternelles ,
Sur l'univers conquis, vint déployer ses ailes.

Gr. F.

LOUIS XIV.

ODE.

> En quelque obscurité que le sort l'eût fait naître,
> Le monde, en le voyant, eut reconnu son maître.
>
> RACINE.

QUELLE est cette ardeur qui m'inspire ?
Quel feu nouveau brûle mes sens ?
Calliope m'offre sa lyre ,
Et Clio me dicte des chants.
Soudain deux siècles disparaissent :
A l'aspect des jours qui renaissent
Nos jours se sont évanouis :
J'aperçois l'ardent fanatisme
Marquant du sceau du despotisme
Le front du treizième Louis.

Du sol glorieux de la France
La discorde a banni les arts ;
La vertu , l'honneur, la clémence ,
Ont fui ses sanglans étendards.
Elle est dans ces momens funestes
Semblable à ces globes célestes

Qui , ceints d'un crêpe ténébreux ,
Roulent obscurs dans la carrière
Repoussant les flots de lumière
Que l'Éternel verse sur eux.

Tout-à-coup le bruit du tonnerre
 Arrête le fer destructeur :
Les dieux prédisent à la terre
Un héros , un libérateur ;
Pour appui n'ayant que lui-même ,
Il paraît , ceint du diadème ,
Comme cet astre radieux
Dont les feux chassent les nuages
Et qui , dissipant les orages ,
Plane sur l'empire des cieux.

A sa voix expire la haine
Et se calment les passions ;
D'un bras vigoureux il enchaîne
L'hydre horrible des factions ;
Les corps puissans devant lui tombent ;
L'orgueil , les préjugés succombent ,
La discorde a brisé ses traits ;
Le sceptre craignait la tiare ,
Soudain le clergé s'en sépare ,
Montrant qu'il est d'abord Français.

Bientôt la superbe Hespérie
De Louis reconnaît les droits ;

Au sein de l'antique Ausonie ,
Dans Rome il a dicté des lois.
Sur la plage où de sang fumante
Erre une ombre encor gémissante
Il venge la France et les lys ;
Ses foudres ont creusé des tombes ,
Et sous les débris de ses bombes
Les Génois sont ensevelis.

De nos ports s'élancent nos flottes ;
Partout s'ouvrent des arsenaux ;
Et les flancs armés de nos côtes
Des deux mers menacent les flots ;
L'Escaut n'a pu sauver Flessingue :
Lille , Strasbourg , Dunkerque , Huningue
Ont déployé nos étendards ;
L'Inde étend nos vastes frontières ,
Et Candie a vu nos bannières
Au Turc disputer ses remparts.

Devant Luxembourg et Turenne,
Le Germain , le Belge pâlit.
Sous nos coups tombe Carthagène,
Et bientôt le Brésil frémit :
Condé , le héros de Marsailles ,
Tourville , le vaillant Noailles ,
Villars sèment partout l'effroi ;
Philippe demande un seul homme ,
Et comme Gonzalve , Vendôme
A l'Espagne a rendu son Roi.

(4)

Des talens la palme brillante
Vient s'unir à nos étendards ,
Et la France reconnaissante ,
Proclame le siècle des arts.
Louis réveille l'industrie ;
En enrichissant la patrie,
Il veut assurer ses succès.
Du Monde il est déjà l'exemple ,
Et l'Europe qui le contemple
Oublie Auguste et Périclès.

Marly nous prodigue ses ondes ;
Trianon voit fleurir ses champs ;
Et de quelques huttes immondes ,
Sort Versaille et ses monumens.
Sous Puget renaît la sculpture ;
Mansard venge l'architecture ;
Leurs travaux illustrent Paris.
Plus loin , la Gironde s'étonne
De rouler un flot qui bouillonne ,
Au sein de l'Océan surpris (1).

Rome nous ouvre la barrière ;
Dignes rivaux de Raphaël ,
Déjà Lebrun , Poussin , Santerre
Ont acquis un nom immortel.
Le métal soustrait leurs ouvrages

---

(1) Le canal du Languedoc.

(5)

Aux efforts dévorans des âges ;
Il trompe les siècles jaloux.
Lulli paraît, et l'Ausonie
A ses accens, voit l'harmonie
Nous offrir les sons les plus doux.

Pascal vient éclairer la France ;
L'histoire se livre à Vertot ;
La raison , l'esprit, la vaillance
Ont nommé La Rochefoucault ;
On voit s'élever au Parnasse
Un poète rival d'Horace ;
Pindare obtient des successeurs.
Dans les lieux qu'arrose la Seine,
Les premiers maîtres de la scène
Ont trouvé d'illustres vainqueurs.

Les lois ont pour juge sévère ,
Pour réformateur Daguesseau ;
Fière de Bossuet , la chaire
Dispute la palme au barreau.
Libres enfin du joug antique ,
L'astronomie et la physique
Ouvrent leurs immenses trésors ;
Les cieux , les airs , la terre et l'onde ,
Consultés , dévoilent au monde
Leurs secrets cachés jusqu'alors.

Louis aux rives étrangères
Arrache Cassini , Rœmer.

Ses bienfaits , au sol de leurs pères,
Vont chercher Bernouilli , Kœler.
Sous sa généreuse influence
Partout s'agrandit la science ;
Elle produit Leibtnitz , Marsham ;
On oubliait la Moscovie ;
Les arts s'élancent en Russie
Des chantiers obscurs de Sardam.

Mais quelles voix accusatrices
Viennent interrompre mes chants ?
Mes cordes , seriez-vous complices
De ces injurieux accens ?
Non ! Si Louis aima Bellone,
Je suis Français , je lui pardonne ;
La victoire embellit les Rois.
S'il fut trop séduit par ses charmes,
Est-ce un peuple fier de ses armes
Qui doit condamner ses exploits !

Lorsqu'à moi s'offre la patrie
Montrant les traces de ses pleurs,
En même-temps elle s'écrie :
« Il sut racheter ses erreurs.
Il donna S.ᵗ-Cyr à l'enfance,
Un noble asile à la vaillance ;
Aux peuples il ouvrit les mers.
A sa voix cessa la famine ,
Et partout la douleur chagrine
Trouva des hospices ouverts. »

Ah ! de l'éclat qui l'environne
Pourquoi vouloir le dépouiller ?
Qui de nous , assis sur son trône ,
Aurait jamais pu l'égaler !
D'un siècle entier je vois la gloire,
Protégeant sa noble mémoire ,
M'entretenir de ses vertus ;
Et si des cris troublent sa cendre ,
Je me rappelle qu'Alexandre
Fut le meurtrier de Clytus.

GR. F.

ESSAI

SUR LES ROMANS.

On a souvent écrit sur les avantages ou les incon-
véniens qui pouvaient résulter de la lecture des romans.
Les meilleurs auteurs même ont examiné cette question
délicate, soit sous le rapport des mœurs, soit sous le
rapport de la littérature. Les uns ont prétendu que
le but du romancier étant de démasquer les vices de la
société et d'indiquer les écueils que la vertu rencontre
dans le monde, le résultat du roman ne pouvait être
qu'avantageux. Les autres ont vu dans les romans des
tableaux plus souvent licencieux qu'instructifs, et ils
ont signalé les dangers d'un genre qui, présentant
le vice sous des dehors le plus souvent flatteurs, ne
peut que réveiller les passions dans une âme neuve, et
l'égarer loin de la vertu par l'appât de chimériques
illusions. Les premiers ont soutenu encore que la
fable d'un roman étant le seul produit de l'imagination,
il favorisait le développement des idées, réchauffait
l'âme, et attachait l'esprit à l'étude du monde dont le
roman est le tableau. Les seconds au contraire ont
pensé que le roman empruntant ses caractères, ses
situations, ses péripéties à un ordre d'idées éloignées
de la réalité, il tendait à affaiblir notre admiration
pour le vrai beau, et à nous éloigner de la perfection
qui n'est que le point le plus rapproché de la nature.

Je ne chercherai pas à faire jaillir la lumière du choc de ces deux opinions opposées ; elles peuvent être l'une et l'autre, du moins en partie, également fondées en raison, et il serait imprudent de vouloir établir à cet égard une règle générale qui devrait souffrir tant d'exceptions. Mais dans un siècle où les romans se multiplient avec une effrayante facilité ; à une époque où des milliers d'auteurs sont annuellement occupés à composer, traduire ou imiter des romans philosophiques, historiques, chevaleresques, fabuleux et moraux ; où enfin l'homme d'état comme le particulier, la jeune femme comme la mère de famille, ont presque toujours un roman ouvert devant leurs yeux, il est peut-être utile de rechercher la cause qui attache un tel intérêt à ce genre de productions, et de s'appliquer à connaître les véritables raisons qui ont rendu ces écrits si différens les uns des autres dans le plan, dans les détails et dans le style depuis que l'on s'occupe de romans.

Les romans, dans le nombre desquels je fais rentrer plus ou moins tous les genres d'écrits contenant des récits fabuleux, et appartenant à l'imagination, sont, il me semble, beaucoup mieux que la littérature en général, l'image de la société, et c'est à l'histoire des peuples chez lesquels ils ont paru, aux mœurs des nations qui les ont accueillis, à l'époque qui les a vu naître, qu'ils doivent leurs fictions, leurs obscurités, leur licence, ou les détails heureux et les récits touchans qui les ornent. Ainsi l'histoire du roman se rattacherait, d'après cela, à l'histoire des peuples, et présenterait sous le voile plus ou moins brillant dont elle s'enveloppe, la férocité du premier âge, la mollesse du second, la mélancolie sombre et vaporeuse des peuplades du nord, la témérité chevaleresque du commencement de la monarchie des Francs , l'engouement universel pour la féerie qui ne tarda pas à se manifester , le règne du genre prétentieux : le retour à la bonne littérature , l'invasion de la licence , le triomphe de la philosophie , l'envahissement d'une politique ténébreuse et perfide , et enfin l'époque de la renaissance du goût qui a succédé à ces diverses périodes.

Les réflexions que je hasarde dans cet essai pourront peut-être engager quelqu'auteur plus habile que moi , à fixer d'une manière précise une question qui n'a pas été encore , je crois , traitée complétement et sous le point de vue que j'indique.

L'Inde et l'Égypte , la Perse et la Grèce commençaient déjà à ressentir l'influence d'un ciel ardent , quand les autres parties du Monde étaient à peine connues et que la nature sommeillait encore. L'homme guidé par une main divine , s'avançait vers la civilisation , en renversant les barrières qui semblaient séparer les humains. Fait pour goûter les charmes de la société , et pour vivre en quelque sorte hors de lui-même , il sentait dans son âme le besoin de se rapprocher de ses semblables et de multiplier ses jouissances. L'aspect d'un beau ciel , l'appât d'un butin assuré , la liberté d'une vie indépendante ne lui suffisaient plus. L'ambition naquit bientôt dans son cœur , et celui qui pouvait élever vers l'astre du jour un front superbe et libre , se fatigua de ne régner que dans les forêts , et brûla de commander à des hommes. Ce désir partagé donna lieu aux premiers combats ; la soif de la victoire rapprocha les humains ; le besoin de se défendre ou l'envie d'attaquer rendit leurs associations plus nombreuses , et bientôt l'on vit des multitudes d'hommes se ranger sous les lois d'un mortel supérieur par son audace ou son génie , et se constituer en nations. L'on conçoit qu'à cette époque la force du corps dût contribuer , plus que toute autre chose , à faire les héros. Une entreprise hardie , une expédition téméraire , un courage féroce étaient alors l'objet de l'admiration des peuples. Le besoin d'exprimer cette admiration et d'exciter la valeur, donna lieu aux premiers écrits. Ces sujets qui n'étaient d'abord que le récit d'actions héroïques , fécondés par l'imagination dans une atmosphère brûlante , s'entourèrent bientôt de détails fabuleux. L'homme, enthousiasmé de la valeur de ses chefs, crut que les cieux ne pouvaient être étrangers à leurs actions. Il voulut faire intervenir dans ses récits les puissances divines qu'il avait adoptées ; et , avant de faire des dieux de ses héros , les rendre les instrumens de la divinité. Les premiers siècles du Monde durent par conséquent voir paraître des ouvrages qui , enrichis des conquêtes de l'imagination , constituaient de véritables romans. Ces romans furent , à n'en pas douter, la source où puisa Homère pour composer ses immortels ouvrages ; car on ne peut penser que le premier essai de l'homme, eût pu atteindre de suite ce degré de perfection qui fait le désespoir des générations présentes, s'il n'avait eu des modèles à suivre, et si quelques traces laissées par le génie n'eussent indiqué à ce sublime poète la route de l'immortalité. (1) On voit par là que le genre romantique et le poëme épique , quoiqu'à une immense distance l'un de l'autre sous tant de rapports , ont une commune origine , et nous devons penser que si le temps eût respecté les premiers fruits de l'imagination, nous trouverions dans les romans qui ont précédé Homère , le germe des beautés que

---

(1) Huet. Marmontel.

nous admirons dans l'*Iliade* et l'*Odyssée*. Mais ces poëmes ayant paru dans un temps où la langue était perfectionnée, où l'imagination s'était déjà imposé des règles, où enfin il était permis d'enrichir la pensée d'un rithme plein et harmonieux, ils durent nécessairement effacer les essais informes et irréguliers des premiers écrivains et passer de bouche en bouche jusqu'à la postérité. On reconnaît dans les ouvrages de l'immortel Homère, les mœurs des premiers siècles ; et dans l'enlèvement d'*Hélène*, dans la coalition des Grecs, dans l'abaissement de *Paris*, dans la grandeur d'*Hector*, d'*Ajax*, de *Diomède* et surtout d'*Achille*, on voit l'image de la déloyauté qui présidait aux rapports des peuples entr'eux ; de la soif de vengeance qui animait les nations outragées, du mépris qu'on avait pour la lâcheté, et par suite de l'enthousiasme qu'inspiraient le courage et l'audace. De sorte qu'en jugeant par l'*Iliade* les romans qui l'ont nécessairement précédée, on peut croire, sans témérité, que ces romans peignaient les mœurs, et étaient en quelque sorte l'histoire des premiers peuples du Monde.

Lorsque l'art de la guerre se fut perfectionné, que la force seule ne fit pas la valeur ; que le génie sut imprimer à la direction des événemens un caractère sûr et plus prononcé ; qu'enfin le succès d'une entreprise ne dépendit plus de la témérité d'un seul homme, mais bien de la sagesse, de la prudence et des dispositions d'un chef habile, la source d'une admiration aveugle se tarit : l'imagination ne trouva plus de sujet assez brillant pour captiver l'attention et l'enthousiasme; l'épopée et le roman n'eurent plus de sujets à exploiter, et ils cédèrent le pas à l'histoire pour célébrer l'amour de la patrie, les exploits des héros et les conquêtes de la gloire. L'on trouve alors un intervalle pendant lequel il ne parut aucun roman ; circonstance bien désavantageuse à ce genre d'écrits , puisque ce fut la plus brillante époque du génie et de l'illustration.

L'apparition des fables *milésiennes* , des romans de *Lucius* , de *Parthenius* et de *Lucien* , de *l'Ane d'or d'Apulée* , de *Théagène* et *Cariclée* d'Héliodore, de *Daphnis et Chloé* de Longus , du roman satirique de Petrone, marque la fin de cette époque illustre , la décadence de la Grèce et de Rome , et l'envahissement de la licence, de la mollesse et de la corruption. L'*Énéide* elle-même , ce second chef-d'œuvre de l'esprit humain , et les *Métamorphoses* d'Ovide qui parurent dans le grand siècle au moment où la statue de la liberté venait d'être renversée du capitole, prouvent , malgré leurs beautés , en se rapprochant du roman par les récits fabuleux , les épisodes et les fictions qu'elles renferment (1) , que les peuples commençaient dès-lors à perdre ce caractère héroïque , cette vertu mâle , cette énergique indépendance , noble partage de la jeunesse des nations , et domaine exclusif de l'histoire.

On ne s'attend pas sans doute après cette époque, et dans un temps où le génie antique ne faisait plus briller que quelques étincelles, à voir le roman se dégager seul des ténèbres qui enveloppèrent les siècles du Bas-Empire. La vieille Europe courbée sous le fer du despotisme, portant les stygmates de la servitude, écrasée par le poids même de ses glorieux souvenirs , était également indigne d'occuper et le burin de l'histoire et le crayon romantique. Dans ces jours déplorables où une révolution succédait à l'autre, où l'em-

---

(1) Chénier.

pire du Monde était la proie du premier audacieux , où la bassesse et l'adulation étaient les seuls moyens d'échapper au glaive des tyrans , comment l'homme éloquent et vertueux aurait-il osé tracer quelques lignes ? N'était-ce pas assez d'être témoin des horreurs qui marquèrent cette époque, sans en consacrer le souvenir ? Aurait-on pu même sans imprudence faire paraître quelqu'écrit accusateur ? Aussi la pensée enchaînée d'abord par des maîtres , finit-elle par s'effacer et en quelque sorte par s'anéantir. Des siècles s'étaient écoulés, et le silence de l'histoire , et le silence des poètes et des romanciers attestaient également l'abrutissement et la servitude des peuples.

Mais pendant que la nature , morte dans ces contrées pour la vertu , la gloire et le génie , laissait s'écrouler le colosse de la grandeur romaine , au fond de la Scandinavie et de la Norwège , au milieu de brouillards épais , et sur la cime de rocs escarpés , la muse romantique renaissait telle qu'elle avait apparu aux premiers peuples du Monde , moins riante , il est vrai , moins riche , moins séduisante, mais enveloppée de charmes particuliers et nouveaux : empruntant à la rudesse de ces climats une âpre mélancolie : et prenant pour sa parure les couleurs sombres de ses rochers ou des nuages qui les couronnaient.

Au son prolongé de la lyre des Scaldes, aux chants mélancoliques des Bardes , les iles britanniques, la Germanie et la France dont les peuples s'étaient renouvelés, répondirent aussitôt par des cris de joie : le génie chevaleresque s'éveilla : la valeur demanda à suppléer à l'absence des lois ; mille bras se levèrent pour défendre la beauté persécutée et le malheur. Chercher sans cesse des opprimés à sauver et des méchans à combattre ; obtenir des mains de l'objet aimé une écharpe ou une brillante épée , lui ravir un regard , lui arracher un sourire , ce furent les seuls travaux , la seule ambition et la plus douce récompense des chevaliers et des troubadours; mais cette occupation , noble dans son principe , eut bientôt ses excès. On ne se contenta plus d'exploits ordinaires ; il fallut inventer des aventures surnaturelles , et dans des pays où chaque jour la flamme , allumée par la main des juges , consumait les agens prétendus d'une puissance mystérieuse et malfaisante , il fut facile d'en imaginer. La magie ouvrit à l'homme des mines riches d'événemens fantastiques , la terre se peupla de génies que la valeur crut avoir à combattre , et rien ne parut plus assez extraordinaire pour étonner une imagination exaltée. C'est de cette époque que datent les *Artus* , les *Perceval*, les *Lancelot du Lac* , les *Giron de Courtois* , les *Merlin*, les *Viviane*, les *Tristan du Léonois* , romans de la table ronde d'un sublime merveilleux , et ensuite les *Olivier* , les *Ogier*, les *Boyer* , les *Rolland* , la *Belle Maguelone* , *La Rose* , et autres romans des douze pairs de France , et de la bibliothèque bleue , auxquels le génie des Arabes et les entreprises des Musulmans vinrent donner encore un nouvel attrait et ouvrir une nouvelle source d'intérêt. On ne peut disconvenir sans doute que ces romans ne peignent exactement les mœurs et les préjugés de ces siècles vraiment étonnans. Sans les romans , l'on n'aurait de cette époque que l'idée très - imparfaite qu'en donnent les mémoires et écrits historiques que nous avons recueillis. L'histoire n'était alors qu'une compilation indigeste de faits particuliers; c'était plutôt l'histoire des rois que celle des peuples , et le carnet du chronologiste, que la toile du peintre : les romans seuls ont conservé la phisionomie de ces temps singuliers, et sans eux il nous serait impossible de les apprécier.

(9)

N'est-ce pas aussi aux romans de Durfé, de Scudery, de la Calprenede, empreints à la fois de cet engouement chevaleresque et merveilleux auquel ils succédaient, et de la galanterie alambiquée qui naissait, que nous devons la connaissance parfaite des mœurs qui suivirent cette époque ? Ne voit-on pas dans les discours des *Cyrus*, des *Celadon*, des *Tyridate*, dans le langage d'*Artaban* et de *Cléopâtre*, dans les entreprises d'*Amadis*, dans la *Rivière du Tendre*, les *Palais de Diamant*, ou les *Fontaines d'oubli*, le siècle entier venir se peindre comme dans un miroir fidèle ! Quels sont les écrits historiques qui pourraient suppléer aux romans d'alors, pour nous donner une idée exacte du ridicule qui s'attacha à cette époque !

Les lettres cependant s'avançaient vers un meilleur avenir ; il était temps que l'esprit qui avait atteint les dernières bornes du merveilleux, revînt à la simple expression de la nature. L'exemple d'un Roi que l'instinct du beau et du grand entraînait vers la gloire, opéra une révolution dans les esprits. La nature qui favorisait ce changement fit naître des hommes dignes de seconder ses efforts. Une coalition d'esprits sage et éclairés renversa l'échafaudage que la sottise avait élevé à grands frais, et l'on finit par reconnaître, grâce à leur sage persévérance et à leurs sublimes écrits, qu'en revenant à l'étud des anciens, qui était l'école de la nature, on pouvait encore espérer d'atteindre le vrai beau. Ce retour vers les idées saines, à jamais mémorable dans les annales des arts, fut marqué par des chefs-d'œuvre en littérature ; mais ces chefs-d'œuvre n'existeraient-ils plus ; l'histoire aurait-elle effacé ses immortelles pages, que l'on reconnaîtrait encore dans les romans de ces temps-là l'heureux changement qui eut lieu dans les esprits, dans les mœurs, et dans les usages des peuples ! Les romans de Mme La Fayette, de Mme de Tencin, de Mme de Graffigny, de Mme Riccoboni, ceux de Lesage, de l'abbé Prévot, de Richardson, de Frielding, de Sterne et de Goldsmith, sont les preuves irrécusables de ce que j'avance.

Cet heureux état de choses ne dura pas long-temps. Les mœurs se corrompirent ; le sentiment dégénera en libertinage ; la galanterie en licence. Séduire et tromper devinrent bientôt l'art de réussir, et un art auquel l'impunité fit faire des progrès effrayans. C'est encore dans les romans que l'on trouve les traces les plus remarquables de cette décadence dans les mœurs. Ce fut alors que parurent ceux de *d'Arnaud*, de *Marivaux*, de *Crébillon*, de *Dorat*, et tant d'autres ouvrages auxquels la saine morale et le goût ont attaché, pour la plûpart, le sceau de la réprobation.

Une époque célèbre succéda cependant à ce temps de licence et de corruption, et le flambeau de la philosophie brilla sur la France. L'on vit alors *Duclos*, *Marmontel*, *Jean-Jacques* et l'universel *Voltaire* ne pas dédaigner, après *Montesquieu*, de consacrer dans les romans les maximes d'une philosophie que l'excès seul pouvait rendre coupable.

Quelque temps après, l'ignorance et la perversité ayant composé de ces productions salutaires les plus horribles poisons, des romans tels que *Faublas* et les *Liaisons dangereuses*, les seuls peut-être encore de cette époque que l'on puisse décemment citer, annoncèrent la dissolution prochaine de tout ordre social. Dès-lors un voile de deuil s'étendit sur notre malheureuse patrie. Le crime, l'impiété, la barbarie la parcoururent dans tous les sens, et imprimèrent aux esprits une direction lugubre. Frappés des événemens effrayans, et malheureusement trop vrais, qui s'étaient passés sous leurs yeux, les romanciers durent désespérer de nous émouvoir par des peintures naturelles et agréables et ils livrèrent, à l'avide curiosité des lecteurs, *Petit Pierre*, *Le Moine*, *Célestine*, les romans d'*Anne Radcliff* et tant d'autres productions monstrueuses qui marquèrent, à quelques exceptions près, le caractère de cette époque.

Ce goût général s'éteignit pourtant bientôt. La France, rendue au repos, à la modération et aux arts, rentra dans la route qui avait été tracée par le grand siècle. Le génie et la gloire enflammèrent de nouveau l'imagination des poètes, des orateurs et des romanciers. La vertu, dont le nom seul avait été pendant quelque temps un titre de proscription, reprit ses droits à l'admiration des hommes, et les récits touchans trouvèrent de nouveau des âmes sensibles prêtes à donner des larmes à l'infortune et à la douleur. C'est à cette heureuse révolution, préparée d'avance par certains esprits, que nous devons les nouvelles, pleines de grâce et de naturel, qui se placèrent sous la plume de *Florian*; les productions charmantes de *Bernardin de St.-Pierre*; les romans de Mme de *Genlis*, dignes en partie d'être accueillis par la postérité ; les écrits, modèles de grâce et de sensibilité, que nous a laissés Mme *Cottin*, et ceux que nous livre encore Mme *Flahaut* : les ouvrages éloquens, énergiques, étincelans d'imagination et de génie que l'âme ardente de Mme de *Staël* sut animer d'un intérêt si puissant : les romans de miss *Porter*, de miss *Howinson*, de miss *Edgewort*, de *Godwin*, de *Walterscott*, de *Goëthe*, d'*Auguste La Fontaine*, de Mme de *Montolieu*, et de quelques auteurs encore qui ont assigné au roman un rang honorable dans la littérature, et dans le nombre desquels, sans le cynisme de ses compositions, l'on devrait, à juste titre, placer en première ligne le gai, spirituel et satyrique *Pigault-le-Brun*.

Espérons que dans un temps où la paix favorise l'étude des beaux arts, où, grâce à la philantropie et à la sagesse du Monarque, à la philosophique et prudente modération des peuples, à l'heureuse balance qui s'est établie entre nos droits et nos devoirs, il est permis de se livrer à d'utiles méditations ; nous ne nous laisserons pas entraîner par l'humeur sombre et vaporeuse dont nous éprouvons déjà les symptômes, et que, repoussant le genre romantique acclimaté sur les montagnes d'Écosse et au milieu des brouillards de la Tamise, nous verrons naître de nouveau sous la plume de nos écrivains, et surtout des femmes, cette aimable moitié du genre humain qui paraît appelée de préférence à cultiver le genre du roman, des productions nouvelles conduites avec sagesse, écrites avec esprit, dignes d'êtres avouées par l'homme qui pense, par la femme qui sent, et faites enfin pour satisfaire également la raison, le cœur, l'imagination et le goût.

GR. F.

DU SONNET.

Un auteur a dit : « la multitude des ouvrages bons ou mauvais dans un même genre, prouve que ce genre est bon, ou du moins qu'il est à la mode. » De cette maxime, qui ne donnerait pas une haute opinion du goût des peuples, on devrait induire aujourd'hui ou que le sonnet est un genre pitoyable, ou que les Français ont le plus grand tort de le négliger. Je vais tâcher de prouver, en hasardant quelques réflexions sur un sujet que Marmontel a, je crois, entièrement oublié dans ses *élémens de littérature*, et dont La Harpe n'a dit que quelques mots dans son *cours*, que le sonnet est loin de mériter le mépris qu'on paraît avoir pour lui maintenant, et que, si quelqu'homme de génie voulait s'adonner à ce genre, il pourrait lui rendre le crédit dont il jouissait en France dans les 16.ᵉ et 17.ᵉ siècles, et dont il jouit encore dans un pays voisin, presqu'aussi riche que le nôtre dans tous les genres de littérature.

Les anciens n'ayant jamais connu le sonnet, ne purent nous le transmettre. Il paraît cependant que c'est en cherchant à imiter l'ode anacréontique et l'épigramme latine, que les poètes modernes l'inventèrent. Cette supposition semble d'autant plus raisonnable, que les premiers sonnets qui furent faits, n'étaient point encore soumis aux règles sévères qu'on leur imposa depuis, et qu'ils peignaient le plus souvent le délire de l'amour et l'ivresse des plaisirs. Le sonnet n'appartient donc pas tout-à-fait à nos temps modernes. Cependant l'Italie et la Provence se disputent l'honneur de son invention. Il est certain que si l'on ne devait remonter qu'à Pétrarque, la question serait très-difficile à résoudre ; car, si l'on disait en faveur de l'Italie, que les sonnets de Pétrarque sont écrits en italien, sa langue naturelle ; on pourrait dire aussi, en faveur de la Provence, que ce poète célèbre, retenu dans nos contrées par une passion irrésistible, y passa la plus grande partie de sa vie, et que, pour plaire à Laure, il dut plutôt chercher à imiter les poésies provençales, qui étaient alors en grande faveur, que les poésies italiennes que Laure sans doute ne devait ni connaître ni apprécier. Mais une chose qui paraît trancher la difficulté, c'est que, en 1200, et par conséquent bien avant Pétrarque, Louis della Vernaccia, d'Urbin, avait fait un sonnet ; que plus tard, en 1220, Piero delle Vigne, de Capoue, en fit un autre ; que, en 1250, Fra Guittone, d'Arezzo, en publia plusieurs, et enfin, que le Dante lui-même, qui était contemporain de Pétrarque, en fit un qui commençait par ces mots :

O voi che per la via d'amor passate,
Attendete e guardate , etc.

Ce qui me porte à croire que le sonnet est d'origine italienne, en dépit de ceux qui prétendent le contraire sur ce que le mot *sonnetto* (petit son) était admis, de temps immémorial, dans l'idiôme provençal.

Quoiqu'il en soit, une fois admis comme genre, le sonnet ne tarda pas à être perfectionné. Son cercle s'agrandit : il ne peignait d'abord que le délire des passions, on voulut qu'il pût s'élever à l'héroïque et au sublime. De sorte que les poètes cherchèrent à lutter dans leurs sonnets, non-seulement avec Homère, Hésiode, Horace et Virgile, mais encore avec Moïse, David et Salomon. Ces tentatives, quelqu'étonnantes qu'elles fussent, réussirent quelquefois aux poètes italiens qui, favorisés par la nature, par les événemens et plus encore peut-être par leur goût pour les anciens et la flexibilité de leur idiôme, produisirent des sonnets vraiment remarquables sur tous les sujets.

Mais la France ne fut pas aussi heureuse. La langue n'avait pas été fixée, comme en Italie, par de grands écrivains : les anciens étaient peu connus ou étrangement défigurés : les lettres étaient tantôt protégées et tantôt persécutées : le dépôt des connaissances humaines était confié aux moines qui, pour se rendre nécessaires, se gardaient bien de populariser les sciences dont ils tenaient seuls la clef. Le goût ne s'appuyait donc sur rien, et les poètes français, en cherchant à marcher sur les traces de Pétrarque dont la réputation était universelle, ne produisaient que de misérables ouvrages aussi loin de ceux de leur modèle que des ouvrages de leurs successeurs. Depuis Charlemagne jusqu'à François I.er, et par conséquent depuis Eginard jusqu'à Marot, la poésie française fut donc livrée à tous les genres de profanation, et ne produisit rien que la France moderne puisse avouer sans honte. Marot doit en conséquence être considéré comme le véritable créateur et le père de notre littérature.

Mais Marot, quoique doué d'un vrai génie, ne s'était pas formé tout seul. Il est au moins probable que les poésies de nos voisins et principalement les sonnets de Pétrarque contribuèrent à épurer son goût. C'est là qu'il prit sans doute cette grâce, cette délicatesse, et quelquefois cette élévation dans les pensées, qui, s'alliant avec une aimable naïveté, apanage de son talent, lui inspirèrent ces pièces charmantes qui sont encore pour nous des chefs-d'œuvre. Ce qui prouverait encore plus que Marot fut formé par Pétrarque, ce sont les succès de Ronsard dont le talent était si opposé au sien ; car , si le siècle de Marot l'eût porté à se rapprocher du bon goût , certainement Ronsard n'eût obtenu que du mépris ; et , pour que Marot se séparât de son siècle , il fallait bien qu'il eût sous les yeux des ouvrages qui pussent lui servir d'objets de comparaison , et dont un instinct naturel devait lui faire apprécier le vrai mérite. D'où je conclus que c'est en imitant les poésies de Pétrarque , et particulièrement en imitant les sonnets italiens qui s'élèvent à tous les tons , que Marot et les poètes de son école sont parvenus à exclure le mauvais goût et la ridicule emphase de nos premières productions , et ont ouvert la barrière à nos grands écrivains.

Une nouvelle preuve de ce que j'avance se trouve dans les écrits de nos anciens poètes. Toutes les fois qu'une composition s'éloignait trop du sonnét, nos auteurs ne produisaient que des ouvrages entièrement imparfaits. Que sont à nos yeux les tragédies de Jodelle , de La Peruse , de St.-Gelais , de La Taille et de cette fameuse *Pléiade* si justement ridiculisée ! Que sont devenus les poëmes de Judith , du Sircius , de Clovis , de la Pucelle , de la Pharsale ! Tous ces ouvrages restaient au-dessous du médiocre , et ne sont plus aujourd'hui connus que par les plaisanteries dont ils ont été l'objet ; tandis que les sonnets d'un assez grand nombre d'auteurs de cette époque étaient loin d'être à dédaigner , et ont encore du mérite à nos yeux. Est-il donc juste aujourd'hui de mépriser un genre qui a donné à nos premiers poètes les véritables règles du goût , et sans lequel notre littérature serait peut-être encore très arriérée , et nos anciens titres si peu respectables !

Le premier poète français qui , après Marot , opposa une digue aux usurpations de Ronsard , en donnant

au sonnet sa véritable dignité, fut Desporte, élève de
la bonne école, qui, dans son sonnet des *charmes de
la solitude*, exprima la plus douce philosophie et la
plus noble simplicité. Bertaud, Ste-Marthe, Mag-
delaine et Catherine Desroche ne tardèrent pas, dans
leurs sonnets, à faire entendre des vers dignes de la
muse française, et contribuèrent puissamment aussi à
former Malherbe, qui,

> Aux auteurs de ce temps sert encor de modèle.

Après Malherbe, la route fut définitivement tracée.
Le sonnet cependant était toujours considéré comme
l'un des principaux genres, et si quelques productions
de cette époque sont vraiment remarquables, ce sont
les sonnets que les contemporains et les successeurs de
Malherbe firent paraître.

On se rappelle encore la sensation que fit éprouver
le sonnet de Voiture sur *la belle matineuse* :

> Des portes du matin l'amante de Céphale, etc.

Ce sonnet, imité de l'italien, est loin d'être sans
mérite, malgré les *Concetti* et l'affectation qui y rè-
gnent. Malleville en fit un pourtant sur le même sujet
qui est bien supérieur, et qui prouverait à lui seul
que les Français pouvaient parfaitement réussir dans
ce genre d'ouvrages.

Maynard écrivit aussi des pièces de vers charmantes;
mais celle qui paraît l'emporter, est son sonnet *d'adieu
à Paris* qui est plein de sentiment, de délicatesse et
de grâce.

Sarrazin et Gombaud firent également des sonnets
assez remarquables. Gombaud a même mérité l'honneur
d'être rappelé dans un vers de Boileau qui le place à
côté de Maynard et de Malleville ; ce qui n'est pas indifférent, je pense, pour sa réputation.

Les abbés Godeau et Cotin publièrent aussi des sonnets

qui ne sont pas dignes de l'oubli dans lequel ils sont tombés. Celui de Cotin à la *princesse Uranie* est même remarquable par la querelle qu'il fit naître entre Ménage et lui, et en ce qu'il fournit à Molière, qui était attaqué, la scène charmante de *Vadius* et *Trissotin*.

Mais l'auteur qui acquit, avec ses sonnets, une réputation vraiment extraordinaire, ce fut Benserade. Qui ne connaît la dispute qui s'éleva sur son sonnet de *Job* et celui d'*Uranie* qu'avait fait Voiture! Il fallait qu'alors on attachât un bien grand prix à ce genre de composition, pour que deux sonnets assez médiocres pussent diviser ainsi en deux factions la cour et la ville. La querelle était même si animée, que les premiers personnages de l'État et les littérateurs les plus distingués furent obligés de prendre parti. Corneille, dont rien ne doit nous paraître indifférent, fit à ce sujet le sonnet suivant :

> Deux sonnets partagent la ville ;
> Deux sonnets partagent la cour,
> Et semblent vouloir à leur tour
> Rallumer la guerre civile.
>
> Le plus sot et le plus habile
> En mettent leur avis au jour :
> Et ce qu'on a pour eux d'amour
> A plus d'un échauffe la bile.
>
> Chacun en parle hautement
> Suivant son petit jugement ;
> Et, s'il y faut mêler le nôtre,
>
> L'un est sans doute mieux rêvé,
> Mieux conduit et mieux achevé.
> Mais je voudrais avoir fait l'autre.

Hesnaut fit aussi des sonnets. Celui de l'*Avorton* obtint le plus grand succès. Cependant on préfère généralement celui qu'il écrivit contre Colbert et dont son amitié pour Fouquet lui fit pardonner les expressions. Le sonnet qu'il composa, en réponse à ses détracteurs, et dans lequel il exprime ses sentimens religieux, lui fait également beaucoup d'honneur.

Plusieurs autres écrivains mirent aussi successivement au jour des sonnets qui sont plus ou moins médiocres. Madame Deshoulière en publia un contre Phèdre que ses idyles seules peuvent faire excuser.

Mais les sonnets qui ont obtenu et mérité la plus grande réputation sont le fameux sonnet de Desbarreaux sur *Dieu*, celui de l'*embrasement de Londres* par Benserade, et enfin celui d'*Apollon* par Fontenelle.

Le sonnet de Fontenelle est d'autant plus remarquable, que depuis quelque temps, ce genre avait perdu son crédit en France. On n'en faisait plus, ou ceux que l'on faisait n'étaient pas lus. Ce dédain affecté prouve encore ce que j'ai avancé au commencement de cet article ; si l'honneur d'avoir inventé le sonnet nous eût appartenu, jamais nous n'aurions voulu en perdre le fruit ; mais, dès que la France put avoir une littérature à elle, elle feignit de dédaigner tout ce qui pouvait venir de l'Italie, et les sonnets n'eurent plus aucun partisan. Le ridicule que Molière attacha au sonnet, pour se venger de certains auteurs qui l'avaient attaqué, contribua sans doute aussi à faire abandonner ce genre. Boileau lui-même, en exagérant peut-être la difficulté qu'il y avait à faire un bon sonnet, concourut à décourager les écrivains qui auraient pu s'y livrer. On ne vit plus que l'impossibilité de réussir et le ridicule d'échouer, et les sonnets furent en quelque sorte bannis de notre parnasse.

Mais pendant que nos poètes composaient des sonnets dont quelques-uns étaient bons, beaucoup étaient médiocres et le plus grand nombre mauvais, l'Italie, en suivant comme nous les traces de Pétrarque, et en les suivant plus fidellement, s'enrichissait de productions extrêmement précieuses. On cite encore comme des modèles d'élévation, de force et de dignité les sonnets de Gabriel Fiamma, de François Lemene, de Jean-Baptiste Cotta ; comme de modèles de grâce, de décence et de sentiment, ceux dell'Orsi, del Zappi, del Menzini ; comme des modèles de goût, ceux del Tasso, del Costanzo, del Giovani, del Casa, del Redi, del Filicaja, et de beaucoup d'autres écrivains. Ces auteurs, qui tiennent tous plus ou moins à l'école de Pétrarque, qui, selon moi, a été aussi celle de nos premiers poètes, ont d'autant plus de mérite qu'ils ont eu à résister, aussi bien que nous, au mauvais goût et au faux brillant que voulaient introduire Claude Achillini et le fameux Marini dans les sonnets et les autres compositions italiennes, et que, non-seulement ils n'ont pas perdu courage, mais encore qu'ils ont maintenu le sonnet dans toute sa pureté jusqu'à nos jours.

Parmi les nombreux sonnets qui font à juste titre l'admiration des Italiens, je me bornerai à citer le suivant de Manfredi, pour avoir occasion de rendre justice au talent de Madame d'Hautpoul qui l'a imité assez heureusement dans notre langue.

Il primo albor non appariva ancora
Ed io stava con Fille al piè d'un'orno,
Ora ascoltando i dolci accenti, ed ora
Chiedendo al ciel, per vagheggiarla, il giorno.
Vedrai, mia Fille, io le dicea, l'aurora
Comme bella a noi fa dal mar ritorno
E come al suo apparir turba e scolora
Le tante stelle ond'è l'olimpo adorno ;
E vedrai poscia il sole, intorno a cui
Spariran da lui vinte e questa e quelle ;
Tanta è la luce de' bei raggi sui.

Ma non vedrai quel ch'io vedrò ; le belle
Tue pupille scoprirsi , e far di lui
Quel ch'ei fa dell'aurora , e delle stelle.

L'aube du jour ne brillait point encore ,
Philis et moi , sous des frênes épais ,
En attendant le retour de l'aurore ,
Nous respirions à l'abri des forêts.
Tantôt goûtant le charme du mystère ,
Je redoutais de voir naître le jour ;
Impatient d'admirer ma bergère :
Tantôt mes vœux en pressaient le retour.

Je lui disais : — « Sortant du sein de l'onde
La jeune Aurore , aux yeux baignés de pleurs,
Viendra , Philis , chasser la nuit profonde,
Et ranimer la verdure et les fleurs.
Quand de ses pas les traces lumineuses
D'un doux éclat feront briller ces lieux ,
En pâlissant, ces étoiles nombreuses
Disparaîtront de la voûte des cieux.

Mais aux rayons de sa douce lumière
Vont succéder les pompes du soleil ,
Qui, poursuivant sa brillante carrière ,
Va se montrer dans son riche appareil.
Ainsi , Philis , la nuit voluptueuse
Et de Procris les paisibles clartés,
Et du soleil la marche radieuse
Vont tour-à-tour étaler leurs beautés.

Mais plus heureux , je verrai ton sourire ,
Ce front charmant où règne la candeur ,
Tes pas légers où la grâce respire ,
Et dans tes traits l'amour et la pudeur.
Ah ! tout l'éclat dont le ciel se décore
Se montre envain à mes regards surpris :
Le soir , le jour , le soleil et l'aurore
Sont à mes yeux moins beaux que ma Philis.

Je pourrais citer encore beaucoup d'autres sonnets
qui font honneur au talent de plusieurs auteurs mo-

dernes à la tête desquels l'Italie a placé à juste titre *Corilla Olympica* et *Salomone Fiorentino*. Je n'en transcrirai ici qu'un seul que la littérature italienne doit à l'abbé Pietro Mattani , homme du premier mérite , dont les bontés ont été pour moi sans égales , et qui, justement apprécié par ses compatriotes , a été chargé dernièrement de la direction d'un des premiers colléges d'Italie. Ce sonnet, qui est inédit , fait partie d'un recueil manuscrit que cet homme aimable et instruit a bien voulu confier à mon amitié. Je ne crois pas devoir me permettre de le traduire :

LA MORTE DI CLÉOPATRA.

Quando l'egizia donna che movea
Di anzi di romulei Colli alta ruina
Vide cangiata la volubil Dea
Seder su i vanni all' aquila latina ,

Non pianse , nò , consigli ancor volgea
Di tiranna dell'alme , e di Reina;
E con la morte al sen' schernir parea
L'onte che il vincitor a lei destina.

Cesar che speri ? il corso e il fasto affrena ;
Viver non sa d'un tuo trionfo altero
Donna regale a decorar la scena;
Ne il soffre amor che al carro suo severo
Trasse avvinto per lei d'aspra catena
Chi della terra contrastò l'impero.

Je pense donc que les poètes français ont eu tort de négliger le sonnet, et qu'ils se sont gratuitement exposés au reproche que leur font les Italiens de ne pouvoir atteindre à sa perfection. En effet, l'estime dont jouit le sonnet en Italie prouve que ce genre est digne d'être cultivé , et les productions remarquables que nous ont livrées Malherbe , Desbarreaux , Malleville , et Benserade , ne laissent aucun doute sur le succès qu'obtiendraient nos auteurs. Boileau lui-même , en traçant dans l'*Art poétique* les règles du sonnet , et en disant avec un peu d'exagération :

Un sonnet sans défaut vaut seul un long poëme

A donné la mesure de son estime pour ce genre de composition , et a défié en quelque sorte nos poëtes qui , loin de se décourager , auraient dû redoubler d'efforts et d'ardeur pour réparer l'honneur des *rimeurs français* , et mystifier *Apollon*. On sait que le sonnet , assujetti à des formes invariables , composé toujours du même nombre de vers , divisé constamment en deux quatrains et deux tercets , est extrêmement difficile , en ce que la pensée doit être maîtrisée de matière à ce qu'elle puisse remplir les quatorze vers et finir avec eux , sous peine de devenir lâche ou inintelligible. On sait aussi que tout doit y être choisi ; que les idées doivent y être nobles , les expressions harmonieuses, les rimes toujours justes et riches ; que le même mot ne doit pas s'y présenter deux fois : qu'enfin , il doit être d'une beauté achevée , pour n'être pas entièrement mauvais. Mais , quand on voit les chefs-d'œuvre que tant d'hommes de génie ont produit chez nous dans tous les genres , on doit penser que , s'ils avaient voulu s'occuper du sonnet , non-seulement ils n'auraient pas échoué , mais encore qu'ils auraient laissé bien loin derrière eux tous les poëtes italiens dont l'amour-propre s'autorise d'une indifférence coupable. Nous aurions ainsi de nouveaux modèles à présenter à l'Europe littéraire qui s'étonne avec juste raison que nous ayions dédaigné le sonnet , quand nous avons constamment cultivé l'apologue , la *chanson* , l'*épigramme* et le *madrigal*. Notre littérature se serait même enrichie des observations de nos maîtres sur ce sujet , tandis que nous ne possédons aucun traité que nous puissions opposer à ceux des Castelvetro, des Muratori, des Menzini, des Bembo, des Salviati, des Varchi et des Ceva, commentateurs, dont l'Italie s'honore, et qui ont si puissamment contribué, par leurs remarques sur le sonnet, au progrès de tous les genres de littérature.

Je crois donc qu'il serait utile et avantageux à la France que nos principaux poètes s'occupassent du sonnet, quand ils n'auraient momentanément pour objet que d'en faire revivre le goût parmi nous, et de détruire la prévention défavorable qui s'est injustement établie. Nos jeunes littérateurs se plaignent aujourd'hui de voir tous les genres envahis par des chefs-d'œuvre, et de ne pouvoir plus rien trouver de neuf à dire ; qu'ils travaillent sur le sonnet ; qu'ils tâchent d'en faire de bons, et ils pourront encore espérer de se créer un nom. Je ne prétends pas qu'en France on doive imiter en tout l'Italie, où chaque jour voit naître des milliers de sonnets ; où le plus misérable chanteur, le plus mal-adroit saltimbanque, le plus ignoble joueur de *pallone* devient le prétexte et le sujet d'une foule de ridicules compositions auxquelles on ose attacher un titre que le génie a illustré. Mais on peut cultiver ce genre avec sagesse, avec goût, avec discernement ; et, si, par quelques productions remarquables, l'on pouvait détruire l'accusation portée contre nous, l'on aurait toujours assez fait, quand même nous ne posséderions jamais ces improvisateurs ambulans qui, à l'exemple du P. Zucchi dont ils n'auront jamais le génie, inspirent tous les jours aux Italiens un si grand enthousiasme, en composant et récitant de suite des sonnets sur tous les sujets qu'on leur propose.

Gr. F.